미야자키 하야오

차례

Contents

미야자키 하야오의 현대 일본 신화 3부작

> 비평은 경계적이며 위기적 공간에 서는 것이며,
> 그것은 일정한 하나의 입장이 아니라 끊임없는 이동으로
> 존재할 수밖에 없는 것이다.
> ─가라타니 고진, 『일본 근대 문학의 기원』

늘 그런 것은 아니지만 보고나면 무슨 말인가를 아주 많이 하고 싶어지는 작품들이 있다. 그리고 그 자리에서 말하지 못하는 것은 시간이 걸리고 노력이 들더라도 밑바닥을 들여다보면서 내 방식으로 읽어내고 싶은 욕망이 일어나는 작품들을 더러 만나게 된다. 내게는 그런 흔치 않은 충동을 불러일으키는 여러 작품들이 미야자키 하야오의 장편 애니메이션이었다.

「이웃의 토토로」가 뒤늦게 개봉하기 전까지만 해도 한국에서 '미야자키 하야오'라는 이름은 일본 애니메이션에 열광하는 일부 마니아들 사이에서 회자되던 어린 시절 비밀의 정원 같은 느낌을 주는 상징적인 단어였다. 광고나 애니메이션 종사자들끼리 돌려보던 해적판 비디오 테입과 시내 한복판의 인형 파는 리어카에서 볼 수 있던 곰도 아니고 토끼도 아닌, 회색의 뚱뚱한 정체불명의 토토로 인형, 외국 서적을 취급하는 터미널이나 헌책방 등에 심심치 않게 흘러나오던 그 당시 7~8만원을 호가하는, 비닐에 쌓여 들춰볼 수도 없던 두꺼운 그의 화집은 마니아들에게는 무슨 비밀결사라도 된 듯한 설레임마저 느끼게 해주었다.

그런데 얼마 지나지 않아 한국에서 '미야자키 하야오'는 거의 일반 명사가 되었고 「센과 치히로의 행방불명」(2001)은 개봉한 그해 여름철 박스오피스 수위를 차지했다. 일부 마니아들의 전유물이었던 그의 작품에 어떤 변화가 있었던 것인가? 이 작품의 어떤 요소가 그 이전의 작품들과 달랐기에, 이 작품이 세계적인 명성을 얻고 성공적 흥행을 하게 된 것일까?

돼지로 변한 엄마, 아빠를 구하려는 효녀의 이야기라서? 일본의 설화와 민담의 요소를 끌어들여서? 어른과 아이가 함께 볼 수 있는 건전한 내용이라서? 사랑과 우정이라는 주제가 감동적이어서? 이 모두가 어느 정도는 답이 될 수 있을 것이다. 하지만 우리는 효녀 이야기, 효자 이야기라면 어려서부터 귀가 닳도록 들어왔다. 병든 부모를 위해 자신의 약지를 끊고,

한 겨울에 딸기를 구해오는 효녀, 효자의 이야기는 정말이지 새삼스러울 것 없는 이야기이다. 또한 일본의 설화와 민담 얘기 중에서는, 온 몸이 시뻘겋고 뿔이 달린, 방망이를 든 험상궂은 도깨비 얘기가 익숙하다. 우리 것인줄만 알았던 혹부리 영감에 등장하는 그 도깨비는 사실 일본 신화에 나오는 도깨비이다. 또 몽당 빗자루로 변하는 귀여운 꼬마 도깨비들의 모습은 어린이용 TV 애니메이션에서 어렵지 않게 찾아볼 수 있다. 일본색이 짙으면 거부 반응을 보이는 것이 한국 사람들의 생리 아니던가. 그런데 아무 거부감 없이 일본 잡귀들이 우글거리는 '센과 치히로의 귀신 세계'를 즐거워하고 있다.

어른과 아이가 함께 하는 영화라면, 여름방학마다 물리게 보는 디즈니가 펼치는 풍요롭고 화려한 판타지 월드가 있다. 게다가 사랑과 우정으로 말하자면, 수많은 명작 동화와 쏟아지는 창작 동화로도 충분하다. 미야자키 하야오의 장편 애니메이션의 특별함과 전략은 거기서 오는 것이 아니다. 그렇게 간단한 얘기가 아니다. 그렇다면 그것은 무엇인가, 그의 작품 속의 남다른 힘은 어디서 오는가?

나는 그 힘이 '신화'라는 점에서 긴 대답을 시작하려고 한다. 미야자키 하야오 감독의 장편 애니메이션들이 가진 남다른 힘은 아무리 생각해보아도 그 내러티브에 깔린 신화에 있다고 보이기 때문이다. 그의 작품에 늘 등장하는 하늘에서의 자유로운 유영(遊泳), 기다란 바람, 아름답게 반짝이는 숲, 독립적이고 강인한 여성과 같은 단골 모티프들뿐 아니라 그것들을 초월하는 이야기 구조는 분명 신화에서 나온다고 보인다. 수천 년 동안 갈고 닦여진 이야기의 원류인 신화가 그의 작품에 녹아 있고 사람들은 익숙하고 친밀한 신화의 그 신비로운 매혹에 끌려가지 않을 수 없었던 것이 아닐까? 그런데 문제는 그 신화라는 것은 단지 흥미로운 신들의 이야기만은 아니라는 점이다. 신화는 사회 조직을 유지하는 이데올로기적 장치의 하나로 기능하기도 하기 때문이다. 신화가 사실이 아니어도 진실한 것이라고 말하는 학자들이 있는 반면, 신화는 진실이라고 믿어지는 신념의 체계라고 설명하는 이론가들도 있다. 더구나 정치적 신화는 공동체가 위기에 처하는 순간 준동하는 것이라 배웠다.

이 책에서는 현재까지 그의 작품 목록의 마지막 세 작품 「원령공주」「센과 치히로의 행방불명」「하울의 움직이는 성」을 신화라는 큰 틀에서 탐구하고 있다. 신화라는 양날의 검이 어떻게 작동하고 있는지 여러 가지 방법으로 찬찬히 들여다보는 것이 이 책의 내용이다.

「원령공주」 일본적 바리데기, 아이누의 공주

수백 년 전 야마토 조정과의 싸움에서 패한 후 북쪽 변방에 숨어서 생활하고 있는 에미시 일족. 평화로운 마을 부근의 숲에 어느 날 갑자기 타타리가미(재앙신)가 나타난다. 인간에 대한 증오와 원망이 가득 찬 타타리가미는 마을로 돌진하고, 에미시의 차기 족장 아시타카는 마을을 지키기 위해서 어쩔 수 없이 재앙신에게 화살을 날린다. 결국 재앙신을 쓰러뜨린 아시타카는 그 대가로 오른팔에 죽음의 각인을 얻고 저주를 받게 된다. 죽음을 각오하고 재앙신을 쓰러뜨린 아시타카에게 마을의 무녀 히이사마는 서쪽에서 불길한 일이 일어나고 있음을 알려준다. 곧 죽을 자신의 운명을 받아들이기로 한 아시타카는 서쪽으로 길을 떠난다.

철을 제련하는 타타라성에 머물게 된 아시타카는 자신에게 죽음의 저주를 내린 타타리가미(재앙신)가 에보시의 총에 맞은 멧돼지신이었다는 사실을 알게 되고, 숲에서 신들을 몰아내고 보다 살기 좋은 마을을 만들려고 하는 에보시의 계획을 듣게 된나.

결국 인간들 때문에 자신의 운명이 바뀐 사실을 알게 된 아시타카는 착잡한 마음으로 마을을 떠나려 한다. 마침 에보시의 목숨을 노리고 원령공주 산이 타타라성에 침입한다. 산과 에보시의 목숨을 건 싸움이 시작되고 이를 말리려는 아시타카는 둘을 기절시키지만 산을 데리고 나오던 중 총에 맞아 부상을 입는다. 가까스로 타타라성을 빠져나온 아시타카와 산은 산양 야쿠루를 타고 시시가미(사슴신)의 숲으로 향하고, 부상이 심해진 아시타카는 야쿠루에서 떨어진다. 산은 정신을 잃은 아시타카를 시시가미의 숲에 데려가 치료해주고, 둘은 정서적으로 교감한다. 그러나 거대한 짐승신을 몰아내려는 에보시의 철포부대와 마을 사람들이 멧돼지 일족과 목숨을 건 전쟁을 시작하자 산은 멧돼지들 편에서 싸운다. 총포로 무장한 인간들에게 멧돼지 일족은 전멸당하고 숲은 짐승의 시체로 뒤덮여 악취가 진동한다.

한편, 천황의 부하로 보이는 지코보 일당은 에보시를 이용해 사슴신의 머리를 얻는 데 성공한다. 에보시의 총에 맞아 목이 잘린 사슴신은 크게 노하고, 숲의 생명을 모두 거두면서 자신의 머리를 찾으려 무서운 속도로 흘러내리면서 숲을 모두 황폐화시킨다. 숲과 모든 생명이 죽어 가는 가운데 산은 부상당한 에보시를 구하려는 아시타카를 원망한다. 아시타카는 이들이 다 같은 인간임을 강조하며 산에게 도움을 청하고, 산과 아시타카는 에보시 일행을 숲에서 탈출시킨 후, 시시가미의 목을 돌려주기 위해 다시 숲으로 향한다.

목을 찾기 위해 지코보 일당을 쫓는 시시가미는 닥치는 대로 모든 생명을 빼앗으며 타타라성과 마을 사람들을 위협하고, 지코보로부터 겨우 시시가미의 목을 되찾은 아시타카와 산은 시시가미에게 목을 되돌려 준다. 목을 돌려받은 시시가미는 쓰러지면서 생명의 힘으로 자신이 파괴한 숲을 부활시킨다. 그 희생으로 숲은 원래의 모습을 되찾고 죽음의 저주가 풀린 아시타카는 산에게 인간들과 함께 살 것을 권한다. 그러나 끝내 인간들을 용서할 수 없는 산은 숲을 택하고, 아시타카는 타타라성에 살면서 산을 만나러 갈 것을 약속한다.

「원령공주」에는 크게 세 가지 갈래의 신화들이 축을 이루고 있다. 한 축은 흰 들개신과 같이 직접적인 아이누 신화, 또한 축은 일본 특유의 재앙신을 등장시키는 원령 사상, 마지막으로 시베리아 샤머니즘까지 거슬러 올라갈 수 있는 북방계 신화가 그것이다. 첫 번째와 세 번째 축은 서로 긴밀한 관련이 있다.

「원령공주」에 등장하는 주인공 아시타카는 일본 동북방에 은둔하던 에미시족의 수장인 젊은이다. 여기에서 관심을 끄는 것은 일본 사회의 차별과 편견에 시달려 온 '아이누족'이 바로 에미시로 불린다는 점이다. 일본 내에서 아이누는 에미시, 에비즈, 에조 등으로 불리우며 일본 고대의 신석기 토기 문화인 조몬 문화를 꽃피웠던 종족이다. B.C. 2세기경 벼농사를 짓는 야요이 인이 일본의 주류가 되면서 에미시는 세력을 잃게된다. 그 이후에도 에미시는 야마토 조정에 반대하는 동일본의 가장 강력한 반조정 세력으로 남았으며 '복종하지 않는 백성'이 되었다. 이것이 「원령공주」의 역사적 배경이라 할 수 있다.

아이누는 일본 내 소수 민족으로 일본 주류와는 이질적인 언어와 인종적 특징[1]을 갖고 있으며 1868년 메이지 유신 이후 일본 정부의 강력한 동화 정책으로 그 독특한 문화가 거의 소멸된 종족이다. 수렵과 어업을 주로 하던 이들의 풍습에는 많은 부분 북방계 시베리아 샤머니즘의 영향이 보인다. 그리고 이러한 수렵 어로의 채집 생활을 하는 에미시의 흔적이 「원령공주」에서 다시 부활하고 있다.

아이누 신화의 직접적인 차용은 거대한 짐승신(아이누 신화에서는 야수신[野獸神]이라 표현하고 있다)들의 등장과 흰 개의 후손이 아이누의 시조가 되었다는 부분이다. 근년까지도 아이누들의 믿음 중 하나는 '산(山)은 짐승으로 화신하는 신들의 나라'라는 것이다. 「원령공주」에 나오는 거대한 짐승신들은 각자의 산을 차지하고 있다. 아니 그들 자신이 산 그 자체이기도 한 존재이다. 흰 들개신의 산, 원숭이신의 산, 멧돼지신의 산, 사슴신의 산과 같이 말이다. 아이누의 세계관 그대로이다. 아이누들은, '인간의 눈에는 짐승의 모습으로밖에 보이지 않는 존재도 신들의 나라에 가면 인간과 같은 옷을 입고 인간과 같은 말로 이야기를 한다'고 이해했다. 「원령공주」에 등장하는 거대한 짐승신들은 노회한 정치적 지도자들처럼 대화한다. 또한 아이누의 신들은 철저히 인간 중심적인 사고 위에 놓인 협력자이기도 하다. 인간에게 협력하는 신은 위치가 올라가고 협력하지 않으면 악마로 떨어진다는 것이 아이누 신화에 제시되고 있으며, 이 신화의 내용은 「원령공주」에 나오는 거대한 짐승신들의 대화에 고스란히 반영되어 있다.

에보시 두령이 쏜 탄환이 몸에 박힌 멧돼지신 나고는 재앙신으로 돌변하여 분노에 찬 악마의 형상이 되어 죽고 만다. 그의 어머니인 거대한 멧돼지신 오코토누시도 인간들의 총포에 맞아 마지막에 재앙신으로 변하게 된다. 이처럼 원한을 갖고 죽으면 재앙신이 된다는 개념은 다분히 일본의 원령 사상에 기초하고 있다. 나고신이 죽자 에미시의 여성 샤먼인 히이사마는 죽어가는 나고신에게 제사를 지낼 터이니 자신들에게 저주를 내리지 말 것을 간곡히 부탁한다. 한을 풀고 죽으라고 연신 머리를 조아리며 빌지만 아시타카는 기어이 재앙신의 저주로 인해 길을 떠나야하는 입장이 된다.

그렇다면 원령이란 무엇인가. 모노노케(원령)란 산 사람에 들러붙어 괴롭히는 사령이나 생령을 말하는데, 중세 이래 일본에서는 생전에 원한을 품고 죽은 귀족이나 왕족이 사후에

탈을 일으키거나 재앙을 일으키는 것을 막기 위해 사령을 신으로 모시는 관습이 있다고 한다. 정치적 분란, 전란, 사고, 자연재해, 역병 등 생전에 한을 품고 죽은 자의 원령이 산 사람을 괴롭히고 여러 재앙을 불러온다고 두려워한 민간신앙이라 할 것이다. 특히 일본의 전통 가면극 '노[能]'는 사무라이, 신령, 정령노인 등이 자신의 원한과 생존 시 활약상을 연기하다 사라지는 패턴으로 진행되고, 주인공이 원한에 찬 자신의 감정을 맘껏 토로하는 경우가 많다. 일본의 신사 참배도 이러한 원령 사상의 영향이 크다고 한다.

자신들이 흰 개의 자손이라는 아이누 신화의 시조에 관한 얘기는 다음과 같다. 일본의 옛 기록에 따르면, '관녀 유와나이는 그녀가 있는 곳으로 다가온 흰 개의 정(情)을 얻었다.' 이 사이에서 태어난 것이 바로 아이누의 시조이다. 이 경우 아이누어인 '레나타 세타'라는 말을 흰 개라고 번역하는데, 이 '레나타 세타'는 흰 개가 아니라 '흰털을 가진 늑대'를 의미한다. 근래까지 북해도 동부에서는 새끼 늑대를 개처럼 길렀다거나 개와 늑대가 교접하여 낳은 새끼를 길러서 사냥에 데리고 나가는 일이 흔했다고 한다.

또한 인간이 늑대나 개와 혼인한 이야기는 이 지역의 각지에 퍼져 있고, 늑대 여동생이 인간과 결혼한 이야기, 흰 개가 인간에게 시집와 세 아이를 낳았다는 이야기 등이 전해지고 있다. 그러니까 흰 들개 신의 수양딸인 원령공주는 이러한 아이누 신화 속의 인물인 것이다. 인간을 싫어하지만 인간을 이

롭게 하는 캐릭터의 구축을 통해 아이누 신화는 성공적으로 현대 일본 애니메이션에 부활한 것이고 그러한 캐릭터의 강한 성격이 관객들에게 매혹으로 다가오는 것이다.

다음으로 세 번째 축이라 할 수 있는 북방계 샤머니즘의 영향에 대해 가장 중점적으로 이야기하고 싶다. 아이누 신화에 "옛날에는 북해도의 산야에, 목장의 가축 떼처럼 많았던 사슴은, 천상에 있는 사슴(유쿠)을 지배하는 신의 편물자루(니츠푸) 속에 들어 있었다고 전해진다. 이 신의 대리관리인에 의해 산상으로 던져져 내려오게 되었다고 하며, 각지에 '사슴이 내려온 산(누푸리)'이라는 이름의 산이 있고, 이 산에 사슴이 들어 있던 자루가 던져지는 소리가 나자, 즉시 산등성이와 마을의 강을 따라 젊은 사슴이 반짝거리는 뿔을 흔들면서 달려온다"고 한다. 이 신화에서 보이듯이 사슴은 하늘에서 내려오는, 신이 보내주는 존재이다. 또한 강물을 따라 내려온다는 내용은 강을 따라 전개되는 타이가와 시베리아를 연상시킨다. 늑대들의 땅 한가운데 자리 잡은 바이칼 호에서 시작되는 예니세이 강, 레나 강, 세랭가 강, 앙가라 강, 흑룡 강까지……

사슴에 대한 신화나 설화들은 북방계의 수많은 종족들에 널리 퍼져 공통적으로 나타나고 있다. 「원령공주」에 등장하는 사슴신은 북방 시베리아 샤머니즘의 흔적을 뚜렷이 관찰할 수 있는 존재이다. 사슴신은 삶과 죽음을 관장하는 최고의 신으로, 낮에는 사람의 얼굴에 기이하게 크고 무성한 뿔을 지닌 사슴의 모습이고, 밤에는 데이다라보찌라는 거인의 모습을 한

신이다. 이 사슴신을 신화적으로 바라보면 우주의 축인 세계수나 우주목의 변형된 이미지로 생각해 볼 수 있다.

미르치아 엘리아데는 『샤머니즘-고대적 접신술』에서 중앙아시아와 북아시아의 세계수(우주목, cosmic tree) 개념을 중요하게 설명하고 있다. 이 세계수는 생명의 나무인 동시에 영원불멸의 나무이며, 샤머니즘의 상징체계에서 중심축이다. 타이가의 장엄한 침엽수림의 숲은 인간들에게 수목숭배 신앙을 갖게 했고 사슴의 뿔은 우주목을 상징하는 아이콘이 된 것이다. 영험한 호수와 도도한 강들, 생명의 보고인 끝없는 타이가의 나무들, 나뭇가지와 같은 뿔을 가진 사슴이나 순록들, 하늘을 자유롭게 날아다니는 온갖 종류의 새들은 사람들의 마음에 수목 숭배와 세계수라는 관념, 새 숭배를 자연스럽게 자리 잡게 했던 것이다.

이러한 북방계 샤머니즘의 영향은 비단 만주뿐 아니라, 몽고, 시베리아, 한국, 일본 등지에 아직까지 강하게 남아있다. 나무의 가지를 모방한 신라의 '出자형' 금관과 동물 모양의 버클이 달린 허리띠, 삼한의 소도 신앙(큰 나무에 영고를 걸어 귀신을 섬기는)이나 단군 신화의 신단수도 모두 수목신앙의 한 표현이며 우리가 익히 알고 있는 '솟대'도 그 유래는 샤머니즘이다. 나무에 새가 앉아있는 형상의 솟대는 원래 인간 영혼이 벌거벗은 어린 아이 모습으로 나뭇가지에 앉아 있다가 샤먼의 부름을 받고 세상에 태어난다는 신화적 관념에서 온 것이다. 이때 나무는 우주목이고 어린아이의 영혼은 새의 모습을 하고 있다. 이것이 솟대이다. 나무는 신령이 내려오는 장소이기도 하고 동시에 하늘로 올라가는 곳이기도 한 땅과 하늘을 잇는 통로이다.

이러한 맥락에서 「원령공주」의 한 장면을 떠올려보자. 달이 밝은 밤에 데이다라보찌가 숲을 거닐면, 어린아이의 영혼 같은 하얗고 작은 모습의 무수한 고다마들이 모두 숲의 나뭇가지 위에 올라가 거대한 사슴신을 향해 딸랑딸랑 일제히 고개를 흔드는 장관을 기억해보라. 그 장면은 항상 내게 원폭 희생자들의 영혼에 대한 일종의 진혼곡 같다는 느낌을 주면서 동시에 천황과 황국신민의 이미지를 느끼게 했다. 정치적 신화로 이 장면을 분석하는 것은 뒤에 자세히 언급하기로 한다.

또, 「이웃의 토토로」의 상수리 나무가 자라는 유명한 장면을 떠올려보라. 토토로와 아이들이 힘을 주자 씨앗에서 나무가 순식간에 자라는 장면은 마치 원폭으로 생기는 버섯구름의 형상과 유사하다. 자라나는 나무를 향해 힘을 주던 아이들과 토토로는 어느새 그 원폭의 형상으로 변한 나무를 향해 머리 숙여 절을 하고 있다. 수목신앙의 표현이자 야스쿠니 신사 참배와 같은 이미지라 아니할 수가 없다.

그러니까 그 나무는 하늘을 향해 솟아오르는, 하늘과의 영적 교신을 원하는 인간의 염원, 우주목이자 하늘사다리에 대한 은유라고 생각된다. 나무가 자라고 잎이 무성해지자 토토로와 아이들이 그 나무를 타고 올라가 하늘을 날지 않던가. 게다가 해방감을 주는 시원한 비행에서 돌아와 그 우주목의 꼭

대기에 오도카니 앉아(마치 새처럼) 영혼을 울리는 소리를 내는 오카리나를 불지 않는가. 이 장면은 샤머니즘적 수목신앙과 자신들의 신도적 애니미즘을 한 장면에 표현하면서 엄마 없는 아이들의 천진한 행동과 판타지를 정서적으로까지 끌어올리고 있는 탁월한 장면으로 해석된다. 그러나 이러한 미의식이 지배 이데올로기로서의 신화를 지지하게 되면 상상을 초월하는 결과를 빚기도 한다.

또 하나 흥미로운 것은 수목신앙과 관련하여, 북방 시베리아나 유라시아 초원 제국들뿐 아니라 고구려 주몽신화, 심지어 아더왕 전설, 해리포터의 이야기(아버지의 화신으로서의 흰 수사슴)에까지 등장하는 하얀 수사슴이다. 아더왕 전설의 조금 맥락 없어 보이는 하얀 수사슴은 원탁의 기사들을 성배 탐색으로 이끄는 계기가 되는데 영적 세계의 메신저라고 할 수 있을 것이다. 시기적으로 아더왕의 수사슴은 샤머니즘을 신봉하던 흉노(훈)족이 유럽을 휩쓸었던 훨씬 이후여서 북방 샤머니즘의 영향이 켈트족에게까지 이른 것은 아닐까 하는 추론을 하게 만든다. 게르만 신화의 니벨룽겐의 반지 이야기에서도 지그프리트가 죽은 후 아내인 크림힐트가 재혼하는 인물이 훈족의 왕 아틸라가 아니던가. 물론 수목신앙이란 것이 전 세계 여러 문명권에서 공통적으로 보이는 것이기는 하지만 따지자면 켈트는 유럽의 샤머니즘 부족이라고 할 수 있을 것이다. 고대 세계는 아직 서세동점(西勢東漸)의 시기가 아니었으며 문명과 문화의 전파는 일방적이지 않았다. 석굴암의 부처님은

간다라 미술의 영향을 받았으며 고대 유물의 동물 문양들은 스키토-시베리아의 영향이라고 배웠던 기억이 난다. 성을 쌓던 사람들보다는 길을 닦던 유목민들이 문명과 문화를 소통시킨다.

하늘로 비상하는 우주 사슴

그렇다면 왜 사슴인가. 사슴은 고대부터 중요한 식량자원이었다. 고대의 많은 암각화나 동굴 벽화에 등장하는 많은 동물들 가운데 사슴의 형상은 압도적이다. 그런데 흥미로운 것은 사슴은 곰이나 호랑이, 매처럼 토템의 대상이 되지는 않는다는 것이다. 전해 내려오는 여러 종족들의 신성한 이야기들에서 사슴의 기능은 샤먼의 몸주, 즉 샤먼의 보조령이나 화신으로 그려지고 있다는 것이다. 또 하늘과 산천에 제사지낼 때 희생 동물이 되기도 했다. 희생 동물은 하늘과 교통하는 힘이 있다고 믿어졌고 때로 사슴은 하늘과 땅을 연결하는 우주록(cosmic deer)의 역할을 하였다.

북방 유라시아에서 보이는 이러한 사슴 개념은 고구려 주몽 전설에도 나타난다. 주몽 전설의 흰 사슴은 신성한 능력을 가진 시조왕의 뜻을 하늘에 전하는 매개자 역할을 한다. 또한 녹석(사슴돌, deer stone)[2]은 몽고 고원을 중심으로 북방 유라시아 전역에 골고루 분포하고 있는 사슴 신앙의 유물이다. 눈길을 끄는 것은 유난히 나뭇가지와 같은 뿔이 강조되면서 하늘을 향해 비상하는 사슴을 형상화하여 음각한 녹석의 문양이다. 에스터 야콥슨의 도상학적 연구에 의하면, 사슴뿔에서 새의 머리가 돋아나는 모티프(bird-anter motif)는 동북아시아와 계보적으로 연결되는 알타이와 내몽고 지방에 분포하고 있고, 낙랑의 석암리 219호 분에서 출토된 마구장식의 일종인 은제행엽(銀製杏葉)에 표현되어 한반도까지 이어졌다고 한다. 이처럼 하늘로 날아 올라가는 사슴의 뿔과 새의 결합은 우주목 위의 새라는 솟대의 형상과 일치한다.

아이누의 영토인 북해도에서 이런 유물이 출토되었는지는 알 수 없으나 「원령공주」의 사슴신 데이다라보찌가 하늘과 땅을 잇는 매개자의 역할을 하는 하늘사다리인 '자라나는 우주목'이라는 것은 알 수 있다. 여기서 사슴신은 만물의 삶과 죽음을 주관하고 있는 존재로 그려지고 있다. 이 거대한 사슴신의 형상이 북방계 시베리아의 천계 상승 의례와 일정하게 맥이 닿아 있음을 짐작하기란 어려운 일이 아니다. 여러 종류의 녹석 가운데는 사슴뿔의 끝 부분이 마치 꽃이 핀 것처럼 표현되면서 나무로 변하는 양상을 보이기도 하고, 구름 모습의 뿔이 기형적으로 강조되어 사슴 키의 두세 배가 되게 그려지기도 한다. 사슴뿔은 인간의 영혼을 천상으로 인도하는 우주목의 형상화인 셈이다. 그렇다면 「원령공주」의 그 장면, 데이다라보찌가 거니는 숲에서 고다마들이 사슴신을 숭배하는 모습은 신화적으로 보자면 우주목을 통해 승천하고자 하는 인간들의 영혼이라 해도 크게 무리가 없을 것 같다. 그런데 이

새머리가 돋아있는 뿔을 가진 사슴은 알타이의 파지리크의 대형 고분처럼 여사제나 족장급 남성 미이라의 어깨와 팔에 문신으로 새겨져 있다고 한다. 여기서 주목하고 싶은 것은 사슴과 관련 있는 샤먼이 다름 아닌 '여사제'라는 부분이다.

북방계 샤머니즘의 많은 신화 가운데 여사제, 즉 여성 샤먼의 출현은 빈번하다. 만주의 창세 신화 '천궁대전'에는 지모신들이 대거 등장하고, 파지리크 고분의 여사제(일명 '얼음공주')나 다양한 북방계 민족들의 신화들을 살펴보아도 유독 여성 샤먼이나 사제에 대한 이야기들이 많다. 수리와 통정한 여자가 그들의 토템인 수리의 말을 알아듣는 샤먼이 되었다거나 그 사이에서 낳은 아이가 샤먼이 되었다는 부리야트의 신화, 돌궐의 신화에는 늑대와 교합한 왕의 딸이 아기를 낳았는데 그가 돌궐의 시조가 되었다거나, 흑룡강 변의 많은 부족들은 곰이나 호랑이의 자손을 자처하는 등, 여성 샤먼과 토템 동물 사이의 성적인 교합이 일반화되어 있는 것을 알 수 있다.

샤머니즘 제일의 특징은 '접신(接神)'이다. 다른 지역의 샤머니즘과 마찬가지로 일본 샤머니즘의 특성 중 하나는 대부분의 샤먼이 여성이라는 사실이다. 내러티브상으로는 흰 들개가 사람들이 버리고 간 아기를 키워 수양딸로 삼았다고 나오지만 어쨌든 원령공주 '산'은 늑대의 딸이다. 게다가 동양적 신화의 세계에서 이러한 버림받는 아이, 즉 기아(棄兒) 모티프는 '산'이 영웅으로 운명 지워졌음을 알려준다. 한국의 설화에서도 일곱 번째 공주로 태어나 부모로부터 버림받은 '바리데기(바리공주, 버린 아기)'는 천신만고 끝에 부모를 살리고 한국 무가의 시조가 되었다. 이런 점에서 원령공주는 일본적 바리데기라 할 수 있을 것이다.

늑대의 딸이라는 설정은 원령공주에게 샤먼이라는 성격을 부여하고, 버림받은 아기라는 설정은 영웅성을 지시한다. 들개족의 전사이며 그들의 중간 지도자(흰 들개 두 마리가 언제나 그녀를 호위한다)이기도 한 원령공주는 그들에 의해 양육되고 동물신들과 대화하는 점에서 샤먼의 모습을 충분히 보이고 있다. 게다가 북방계 시베리아 신화 체계에서, 흰 개를 타고 달리는 행위는 명계(冥界)를 통과하는 샤먼의 천상여행이나 지하여행의 전형적인 모습이다. 그러한 영혼여행의 모티프는 시베리아 샤머니즘에서 많이 발견되는 전형적인 이야기이며 이 때 타고 다니는 말이나 개는 명계를 여행하는 샤먼의 동행자이다. 그 말이나 개가 희다는 것은 신성(神性)이 더 많다는 의미이다. 구름이 내려다보이는 신비로운 능선을 사슴을 타고 여행하는 아시타카나 태초의 원시림 속을 바람같이 흰 들개를 타고 달리는 원령공주는 삶과 죽음의 세계를 통과해 더 초월적인 세계로 나아가고자 하는 인간의 모습, 특히 샤먼의 모습을 보여주는 것으로 해석해 볼 수 있다.

사슴신의 숲은 산 자의 장소도 죽은 자의 장소도 아닌 이승과 저승이 혼재되어 있는 삶과 죽음을 초월한 신성한(sacred) 공간이다. 가면을 쓰고 흰 들개 가죽을 두른 채 흰 개를 타고 바람처럼 달리는 원령공주의 모습은, 그녀가 영적 세계와 교통하는 샤먼임을 암묵적으로 강조한다. 원령공주가 착용하는 가면은 두말할 것도 없는 샤먼의 표식이다. 마법사나 사제가 동물을 상징하는 의상을 입고 동물로 변장하는 까닭은 스스로를 초인간적 상태로 끌어올리기 위한 것이다.

어떤 토템을 상징하는 가면을 쓰는 것은 곧 그 토템이 됨을 의미한다. 이는 신화적 형상의 구현이며 초인간적인 영적 존재를 표상하는 것이다. 이런 여러 요인들은 원령공주가 샤먼, 즉 자연과 여러 신들의 대리자 역할을 부여받은 어린 여사제임을 알려준다. 늑대가 데려다 기른 『정글북』의 모글리와 비교할 때, 원령공주가 지닌 영적 무게는 확연히 다른 것이다.

풍경의 발견

「바람계곡의 나우시카」나 「천공의 성 라퓨타」에서 미야자키 하야오의 나무와 숲에 대한 각별한 애정은 많은 비평가들에 의해 논의되었던 주제이다. 그의 신비하고 평화로우며 치유의 기능을 하는 '숲'이라는 모티프는 아주 비현실적이면서 신비화되어 있었다. 그러나 「이웃의 토토로」(1988)에 오면 농촌의 정경 속에 그 숲의 모습이 변화하게 된다. 단지 배경에 불과하던 숲이 이야기의 중심이 되기 시작했다. 그 이후 「원령공주」(1997)에서 원시의 울창한 숲은 일본적 신화의 공간이 되면서 풍경으로 발견되기에 이른다.

「이웃의 토토로」와 「원령공주」의 숲을 비교하는 박규태의 논의는 흥미롭다.[3] 그는 토토로의 숲은 마을의 수호신사인 진주[鎭守]의 숲으로, 그 자체의 질서를 갖는 코스모스의 숲이라 설명한다. 에도 시대에 완성된 향촌제에서는 무라[村]라 불리는 마을 공동체별로 신도의 수호신을 모셨다 한다. 반면, 원령공주의 숲, 즉 시시가미(사슴신)의 숲은 태초의 원시림으로 일본 어디에도 있지 않은 이상향의 숲이며, 원시적 생명력의 숲이라고 설명한다. 그는 일본인들의 신앙인 '신도'를 숲의 사상이라고 규정한 우메하라 다케시의 『숲의 사상이 인류를 구한다』(1995)를 인용하면서 그 숲은 일본 신도의 숲이라고 설명하고 있다. 즉, 신석기의 조몬 시대까지 거슬러 올라가는 원시적 생명력의 숲이라는 것이다. 그래서 박규태는 이런 신도의 숲에 대한 일본인들의 무의식적 기억을 건드림으로써 「원령공주」가 크게 히트할 수 있었을 것이라고 분석한다. 토토로의 숲은 코스모스의 숲이고 원령공주의 숲은 카오스의 숲이다. 그러나 일본의 숲이 의미하는 것은 이것만이 아니다.

햇빛을 받아 반짝이는 나뭇잎들, 영롱하게 맺힌 이슬들, 공중의 먼지까지도 보일 것 같은 빛의 묘사, 살아 움직이는 올챙이, 기어가는 달팽이, 울창한 원시의 숲…… 미야자키 하야오 감독의 세밀하고 극사실주의적인 묘사는 감탄을 자아내기에 충분하다. 단순화되고 명료한 인물에 비해 숲의 묘사는 매우 치밀하고 사실적이다. 그래서 마치 그러한 숲이 일본열도 어딘가에 존재하고 있을 것 같은 느낌을 준다. 너무나 사실적이어서 사실이라고 믿게 만들어버린다. 그러나 기실 이 시원의 숲은 일본인들의 노스탤지어, 최초에 존재하던 것, 그러니까 인간 문명 이전에 존재하던 것으로 믿고 싶은 그들 '마음 속 원시의 숲'이다. 조엽수림 문화설[4]을 신봉하는 미야자키 하야오의 지적 배경과 무관하지 않겠지만 강박적으로까지 보이는 면밀한 디테일의 묘사는 있던 풍경의 재현이 아니라 상상적 풍경을 발명하거나 재발견해 내는 과정에 다름 아니다.

풍경의 발견은 자신의 내면을 들여다보는 인식틀의 변화이며, 이는 "일본적인 것만 다루겠다"[5]는 미야자키 하야오 감독의 언급과 연관지어 볼 때 여러 가지를 생각하게 한다. 국적 불명이라는 평을 받던 그가 왜 자신의 내면세계, 일본적 성찰의 세계를 그처럼 극사실적 방식으로 그리게 되었는가.

반복하지만 일본인들 내면의 풍경으로서의 이 원시의 숲은 미세한 것까지 놓치지 않으려는 세밀한 묘사의 덕택으로 보는 사람에게 아주 사실적인 것으로 받아들여진다. 그렇게 존재하게 된 '풍경으로서의 숲'은 처음부터 그곳에 이미 존재하던 객관적인 것으로 인식되게 된다. 따라서 「원령공주」의 원시림이 일본인들에게 상징적 힘(symbolic power)을 가지는 신화적 공간으로 기능하게 되는 과정이라 여겨진다.

「원령공주」가 공전의 히트를 기록한 1998년 당시 일본은 거품 경제가 무너지고 근 10년의 경제 불황이 지속되고 있었고 고베 대지진과 옴진리교 사건, 소년 범죄 등 사회 전반에 걸쳐 혼란스럽고 불안한 상황에 놓여있었다. 신화가 종종 상징적 힘을 가지고 정치적으로 작동하여 무서운 이데올로기로 변화한다는 점을 기억하면, 「원령공주」의 인기가 단지 그 작품성이나 예술성만으로 폭발적인 대중의 인기를 얻었다고 보기는 어렵다. 신화를 정치 이데올로기로 파악하는 에른스트 카시러는 『국가의 신화』에서 "정치적 신화는 문화, 정치적 위기의 순간에 등장"하여 "사회 조직을 유시하고 인정화하는 장치의 하나로 기능한다"고 설명한다. 그리고 그 과정에서 신화는 상징적 성격을 통해 그 대상이 되는 것들을 객관화한다. 카시러의 논리를 따르자면, 미야자키 감독의 「원령공주」는 당시 위기의식이 팽배하고 불안정한 일본 사회[6]에 대중적 신화로 기능한 측면이 분명히 있던 것으로 보인다. 그렇다면 이 대중 신화의 공간적 배경이 되는 '풍경으로서의 숲', 일본인들 마음속 깊은 곳에 자리하게 된 본향으로서의 숲의 문제는 좀 더 깊이 있는 이해를 필요로 한다.

가라타니 고진은 일본 근대 문학에서 '풍경'의 발견을 중요한 인식틀의 변화로 파악한다. '풍경의 발견'은 메이지 20년 즈음에[7] 시작되었으며, 일본 근대 문학의 리얼리즘 확립에 가장 중요한 특징으로 부각된다. 그는 '풍경'을 19세기까지 진행된 외부 세계를 소원화하고, 극도의 내면화를 통해 발견되는 과정으로 설명한다. 즉, 풍경의 묘사는 있는 그대로를 그리는 것이라기보다는, 그 풍경 자체를 낯설게 만들고 그 과정을 통해 대상을 새롭게 인식하는 '낯설게 하기'의 방식으로 리얼리즘을 실현한다고 본다. 즉, 이는 핍진성(Verisimilitude)을 극대화한 묘사를 통해 실제 보고 있지 않은 것을 보게 만드는 일이었다. 그러니까 '낯설게 하기'를 통해 풍경이 보이기 시작하면 그것은 원래 존재했던 것처럼 여겨지며 객관성을 획득하게 된다. 그러므로 "풍경이란 하나의 인식틀이며, 일단 풍경이 생기면 곧 그 기원은 은폐된다." 그리고 이러한 숲의 이미지는 만들어진 기억, 이식된 기억으로 자리 잡으며 곧 향수의 대상이 된다. 일본 근대 문학의 리얼리즘은 분명 풍경 속에서 확립된다. 왜냐하면 리얼리즘이 묘사하는 것은 풍경 또는 풍경으로서의 인간이지만 그러한 풍경은 본래 외부에 존재하는 것이 아니라 '인간으로부터 소원화된 풍경으로서의 풍경'으로 내부에서 발견해야 했던 것이기 때문이다.

그래서 가라타니 고진은 풍경은 도착(倒錯) 속에서 발견되는 것이고, 이러한 풍경의 출현은 곧 지각 양태의 변화를 전제하지 않으면 안되는 것이라 말한다. 풍경의 묘사는 고독한 내면적 세계와 긴밀히 연결되어 있고, 그러한 극도의 내면화는 '풍경의 발견'과 '세밀한 묘사'라는 두 가지 방식을 통해 형식화된 것이다. 그리고 이러한 풍경의 발견은 일본의 근대화, 그리고 민족주의와 깊은 관련을 갖는다. 리얼한 것으로 느껴지고, 현실이라 여겨지는 풍경의 출현은 비이론적으로 감성화된 '낭만'의 결과이며, 내적 풍경 바로 그 자체인 동시에 '자의식'과 같은 것이다.

세밀한 묘사로 풍경을 발견하는 과정은 미야자키 하야오 감독이 묘사하는 시원의 숲에서 찾아볼 수 있다. 그는 "숲과 자연은 회화적 무대장치가 아니라 그 자체가 작품을 지탱하는 또 하나의 주역이다"라고 밝히고 있다. 풍경이 주인공이라는 감독의 변은 이 숲이 일본인들의 내면의 풍경으로 구성되고 있다고 말할 수 있는 근거가 된다. 그러므로 가라타니 고진의 '풍경의 발견'이라는 개념은 일본 근대문학뿐 아니라 미야자키 감독의 「원령공주」나 「센과 치히로의 행방불명」과 같은 작품에도 유효한 해석의 틀을 제공하는 셈이다.

결국, '풍경의 발견'은 일본이 스스로를 재현하는 문제로 귀결된다. 메이지유신 이후 일본은 근대화에 박차를 가하고 식민지를 경영하면서 서구 흉내내기(mimicry)를 통해 아시아의 제국으로서 서구 열강과 어깨를 나란히 하게 된다. 고모리 요이치는 이러한 제국 일본의 양가성(ambivalence)을 '자발적인 자기 식민지화'라 말할 수 있는 식민지적 무의식과 식민주의적 의식으로 설명하고 있다.[8] 일본이 아무리 서구 열강이 되고자 하여도 완전히 자신을 버릴 수는 없는 노릇이었다. 이 딜레마는 일본 애니메이션에서 예전부터 징후적으로 포착된다. 로봇 메커닉물로 지칭되는 어린이를 위한 텔레비전 애니메이션 시리즈물들에서, 서양의 철갑옷인 로봇에 탑재하는 모빌수트(건드레스)를 입은 연약한 아이들이 지구를 지키고 인류를 구원한다는 강박은 수십 년 동안 동어반복을 계속하고 있다. 연약하지만 버릴 수도 없는 일본적 자기 정체성은 서양 철갑옷을 두른 어린 전사들로 재현되고 고착되며 심지어 끊임없이 확대 재생산되어 온 것이다. 그런 소년 전사들의 모습에 서양이 되려하나 자기를 버릴 수도 없는 일본의 딜레마가 투영되고 있는 셈이다. 흉내에 흉내를 거듭하고 모방에 모방을 반복해도 결코 '서양'이 될 수 없는 일본의 욕망이 서양 철갑옷을 입고 적을 물리치는 소년 전사라는 강력한 스펙타클적 이미지로 재현되고, 아이들에게 반복해서 보여지는 것이다.

미야자키 감독의 극사실적인 배경의 세부 묘사가 가져오는 '풍경의 발견'이란 신화의 세계를 풍경으로 재현하면서 일본적 자의식이 깊어지는 인식틀의 변화를 짐작케 한다. 그리고 이러한 변화는 대중적 문화 상품이 되어 제국시절을 향수하는 문화제국주의적 현대 무기가 되어 가는 것은 아닐까하는 우려를 갖게 만든다. 카시러를 이 대목에서 다시 한 번 인용하는 것이 적절할 것 같다. "새로운 신화는 계획에 따라 만들어지며, 자유롭게 성장하는 것이 아니라 솜씨 있고 교묘한 기술자들이 만든 인공품이다. 현대의 무기로서의 신화는 생활양식 전체를 변형시키는데 진정한 재무장은 정치적 신화와 더불어 시작된다."

일본의 급격한 우경화와 재무장을 주장하는 목소리는 독도 문제나 교과서 왜곡이라는 정치적 문제에서뿐 아니라 아이들을 대상으로 하는 텔레비전 애니메이션이라는 대중문화에서도 반복적 형태로 되풀이되어 소비된다. 또한 극장판 장편 애니메이션의 형태로, 그러한 욕망을 스펙타클에 얹어 스스로를 객관적으로 신화화하며 과거를 불러온다. 시공간의 설정을 과거로 돌리고 우주 공간으로 설정하면서 과거의 제국적 영광에 노스탤지어를 느끼는 한편 또 다른 대중적 방식으로 그것을 철저히 내면화하고 은폐하는 것이다. 욕망의 작동과 욕망의 은폐는 동시에 이루어진다. 즉, 일본은 자신을 원시화하고(이러한 원시화는 신화의 세계를 재구성한다) 거리를 둠으로써 특별한 자신을 재발견하고 그 발견한 내적 풍경의 구축을 통해 스스로의 자의식을 낭만화, 고착화하는 것이다.

풍경의 발견은 고독하고 내면적인 세계와 농밀하게 연결되어 있다. 또한 '바깥'을 보지 않는 자에 의해 발견된다는 점에서 '타자의 배제'와 깊은 관련이 있다. 일본 애니메이션의 전개를 가만히 들여다보면 외부 세계로 향하던 리비도가 내부로 향하는 방식으로 작동하고 있으며 그것은 내면과 풍경이 출현하는 결과를 빚었다고 말할 수 있다.9) 프로이트의 말처럼 내부 세계도 외부 세계도 없고 외부 세계가 내부의 투영이었던 상태에서 상처(trauma) 입은 리비도가 내향화했을 때, 비로소 내면이 내면으로, 외부 세계가 외부 세계로 존재하기 시작한다.

천황을 위해 지는 사쿠라

신들의 이야기로서의 신화도 있지만 지배 이데올로기로서 기능하는 신화도 있다. 신들의 이야기는 아무 때나 할 수 있는 것도 아니었고 아무나 말할 수 있는 것도 아니기 때문에 '누구의 입을 통해서 말해지는가'는 그 신화에 정치적인 의미를 부여하게 된다. 특히 자본주의, 공산주의, 군국주의나 제국주의, 전체주의 같은 많은 '이즘'들이 이데올로기적인 신화로 작동한다면 그 신화는 모든 논리와 이성을 집어삼켜 무화시켜버리릴 위험성을 지니고 있다. 그러므로 이러한 신화에 대한 논의는 역사적인 맥락을 떠나서 생각할 수는 없는 것이다.

반짝이던 생명의 숲을 순식간에 죽음의 숲으로 만드는 사슴신의 분노와 다음 순간 다시 생명을 부여하는 전능함을 표현한 압도적 장면을 기억한다면, 이러한 애니메이션적 재현의 문제가 필시 일본의 정체성과 그들의 의식, 무의식의 세계와 무관하지 않을 것이라는 점에 생각이 미친다. 내가 아름다운 신화적 이미지와 이상적인 숲의 고혹적인 정경에 매료되어 그 아래 흐르는 그들의 마음속 풍경을 보게 되고, 그들의 딜레마를 알아챈 것은 아름다움에 빠져 길을 헤매다 다소 시간이 흐른 뒤의 일이었다.

장기 불황의 1990년대 일본의 상황을 표현하는 '잃어버린 10년', 이 시기를 겪은 일본사회와 일본인들의 의식, 무의식에 자리 잡은 영광스러웠던 제국의 기억과 향수, 총체성에의 욕망이라는 딜레마가 고도의 상징과 은유의 방식으로 어떻게 시각적 재현을 성취하는지는 「원령공주」의 이미지들을 통해 짐작할 수 있다.

「원령공주」에서 일본 고대의 거인 신화는 '데이다라보찌'라 불리는 거대한 반투명적 존재로 형상화된다. 밤이 되면 사슴신의 몸은 이 거신(巨神)으로 변화하고 아름다운 시원의 숲을 돌아다닌다. 딸각딸각 소리를 내는 고다마들의 영접을 받으면서 유유자적하며 우아하게 움직이는 사슴신의 모습은 고대 원시림에 관한 일본인들의 환상적 신화세계를 보여준다. 하늘을 향해 자라나는 사슴신의 모습은 흡사 우주목(cosmic tree)이나 하늘과 통하고자 하는 거대한 하늘사다리의 이미지이다. 그 사슴신을 위해 울창한 나무 위에서 일제히 몸을 흔드는 작고 하얀 고다마들은 솟대의 새, 즉 세상에 나오기를 기다리는 아기의 영혼 혹은 원폭의 희생자들 같기도 하다.

그것은 일견 거인과 같이 인격화된 신을 무의식적으로 욕망하는 일본 대중들의 모습으로도 보인다. 숨기고 싶은 내면의 집단적 욕망은 누군가가 건드리기만 하면 들불같이 일어나는 성질을 가지고 있다. 그래서 그 거대하고 아름다운 데이다라보찌와 수많은 작고 하얀 고다마들이 만들어내는 시각적 장관은 태양신 아마테라스의 자손인 천황과 제국의 신민으로서의 일본인들에 대한 메타포로 읽히기도 한다. 하늘과 땅을 연결하는 신적 존재인 시시가미는 아라히토가미(現人神, 사람의 모습으로 나타난 신)인 천황의 이미지적 은유이며 고다마들은 그 천황을 위해 떨어져 희생되는 인간들, 지는 사쿠라 꽃잎처럼 흩날리며 떨어지는 젊은이들을 상징하는 것이 아닐까. 삶과 죽음을 주관하는 사슴신과 숲의 정령들의 모습에서 가미카제 특공대의 산화하는 모습을 떠올리고 제국적 향수를 읽는 것은 나만의 억측인가?[10]

이 논의에 동의할 수 없다면, 머리를 잃은 사슴신의 분노가 폭발하여 시커먼 유동체로 흘러내리고 쏟아지는 장면을 떠올려보라. 사슴신의 몸에서 흘러나오는 혼탁한 죽음의 물질은

온 숲을 뒤덮으면서 모든 생명을 파괴하고 앗아간다. 순식간에 황폐해지는 숲의 이미지는 경외감과 함께 두려움을 느끼게 한다. 히사이시 조의 비명 소리 같은 음악과 단말마적 효과음은 이러한 죽음의 이미지를 배가시키고 '사쿠라가 지듯' 고다마들은 죽어 나무에서 뚝뚝 떨어진다. 일본의 조모신(祖母神)이며 천황의 직계 조상인 태양신 아마테라스가 동생 스사노오의 만행[11]으로 석실에 숨어버려 온 세상이 어둠에 빠지게 되자 신들이 축제를 열고 태양신 아마테라스를 불러내어 다시 햇빛을 되찾을 수 있었다는 일본 창세 신화의 이미지와도 겹쳐진다. 아마테라스가 햇빛을 모두 앗아갔다가 한 번에 되돌려주는 것은 사슴신이 생명을 모두 거두어갔다가 일시에 되돌려주는 것과 유사하게 느껴진다.

잃어버린 10년 동안 절망에 빠져있던 일본 대중의 정서 아래에는 천황을 중심으로 영광을 실현하는 '강한 일본'에 대한 향수어린 과거의 기억이 깔려있고, 이러한 정서가 거인신과 고다마들이 교감을 보이는 모습으로 장면화된다고 할 수 있다. 따라서 그런 장면들을 보고자 하는 욕망이 결과적으로 「원령공주」의 인기를 가져오게 된 요인 중의 하나라고 말하는 것도 큰 무리는 없을 것이다. 이러한 추론은 '떼 지어 압도하는' 다른 여러 장면에서도 포착된다. 왜 그들은 혼자도 아니고, 한 무리 정도도 아닌, 떼로 몰려오는가.

(수많은 짐승들이) 예외 없이 무리지어 휩쓸고 지나가며 (죽음의 유동체나 순식간에 복원되는 연두빛 물결처럼 스크린의 안

과 밖의) 모든 것을 압도하는 이미지들은 「원령공주」 전반에 걸쳐 수차례 반복된다. 타타라성의 에보시 두령과 일전을 치르기 위해 화면을 가득 채우며 몰려가 죽음으로 항전하는 수많은 멧돼지 전사들, 분노와 원한으로 이글거리는 흉칙한 재앙신의 모습으로 돌진하는 거대한 멧돼지신 오코토누시(그 이글거리는 분노는 마치 한 떼의 꿈틀대는 뱀의 무리를 연상시킨다), 그리고 무엇보다 빼앗아간 생명을 다시 일순간에 초록의 물결로 복원시키는 사슴신의 생사여탈의 전능함 등은 일사분란한 제국 군대의 행진이나 군중 동원의 매스게임과 같은 전체주의의 분위기와 파시즘의 이미지로 감지된다. 이 스펙타클은 신의 분노를, 죽음을 각오한 멧돼지 전사들을, 즐비한 그들의 시체들을, 온통 숲을 가득 채운 고다마들의 무리를, 쏟아져 내리는 죽음의 유동체와 그것을 걷어내는 생명의 연두 빛을, 시각화하면서 보는 이들을 압도한다. 이것이 스스로를 문명이라 칭하며 주변을 끊임없이 야만화하며 '인도주의적 개입'을 행하는 일본 제국주의 문명화 논리의 다른 얼굴임은 주지의 사실이다. 현대화와 기계화는 일본의 서양 흉내내기의 방식이었으며 제국주의는 그들이 제1세계와 동등해지는 방식이었다. 아마도 이것은 과거의 영광스러운 일본 제국주의의 부활을 꿈꾸는 은폐하고 싶은 무의식의 표출이리라. 그 압도적인 스펙타클은 타자를 배제하고 자신들의 풍경을 발견해내고 신화화하는 '자기 갱신의 과정'이라 여겨진다.

토막 살해의 정치학

'떼 지어 다니며 모든 것을 압도하는 장면'들과 더불어 또 하나 주목하고 싶은 것은 '절단된 신체 이미지'이다. 미야자키 감독의 많은 작품들 중 유독「원령공주」에는 절단된 신체 이미지가 많이 나타난다. 거의 '시각적 폭거'라고 할 만한 이 장면들은 미야자키의 이전 작품들에서는 보기 드문 것들이다. 재앙신에게 저주를 입은 아시타카의 손이 쏘는 화살에 맞아 완전히 동강나 떨어져 나가는 적군의 팔과 머리, 잘려진 채 눈을 부릅뜨고 에보시를 공격하는 들개신 모로의 머리, 에보시의 총에 맞아 유동체로 흘러넘치는 사슴신의 몸체와 절단된 두상, 고향을 떠나며 자기 손으로 상투를 단호히 잘라내는 아시타카의 모습까지 작품 전반에 걸친 신체 절단의 이미지는 무엇을 의미하는가?

모로와 사슴신의 잘린 머리는 흡사 길로틴에 의해 처형되거나 참수된 인간의 머리 같다. 죽음을 지시하려는 의도라면 굳이 이러한 '단두(斷頭)'의 방식을 택하는 이유는 무엇인가? 미술사학자 린다 노클린은『절단된 신체와 모더니티』라는 책에서 18세기 말 이후 서양 미술에 나타난 부분적 이미지, 잘려나간 신체, 산발적으로 파편화된 이미지가 모더니티와 깊은 관련을 갖는다고 설명하고 있다. 폐허와 절단 같은 이미지는 이제는 사라져 버린 문명 이전의 총체성, 즉 유토피아적 전체성에 대한 상실을 대변하는 노스탤지어와 비애를 표현하는 것이라고 주장한다. 이러한 감정은 종종 보상의 형태로 의도적인 파괴주의를 통해 재현되었고 '절단된 신체'는 이 새로운 방식의 시각, 근대적 시각이라는 모던의 개념, 모더니티의 정수가 되었다고 한다. 그러니까 근대성(모더니티)으로 인한 되돌릴 수 없는 상실감, 잃어버린 총체성, 사라져버린 전체성에 대한 통절한 회한이 절단된 신체 이미지로 표현된다는 것이다. 총체성의 상실은 비극 이상이다. 이는 상실로부터 근대 자체가 성립되었기 때문이다. 신체의 파편은 과거에 대한 노스탤지어를 상징할 뿐만 아니라 과거에 대한 의도적인 파괴나 적어도 과거의 억압적 전통으로 여겨지는 것을 모두 파괴하는 효과를 낳았다.

새로운 시대가 도래하기 위해서 과거는 파괴되어야 한다. 원시의 자연을 지배하고 신으로 존재하던 거대한 몸집의 짐승신들은 파괴되고 극복되어야 할 부모 세대이다. 그들의 머리는 기요틴에서 처형된 혁명기의 절단된 두상들과 유사하다. 신화학자 오토 랑크의 말처럼 신화는 부모를 제거하려는 노력을 드러낸다. 중국의 반고 신화나 북구의 위미르 신화와 같은 최초의 거인 살해는 새로운 생명의 탄생이고 새 세계의 도래를 의미한다. 혼돈적 카오스를 해체하여 질서 잡힌 코스모스를 재구성하는 것이다. 새로운 체제는 구체제(status quo)의 붕괴, 부친 살해로 이룩된다.

더욱이 「원령공주」의 시대 배경은 일본의 전란기로 설정되어 있다. 전란의 와중에 모더니즘의 징후가 나타나고 천황과 다이묘들이 경합하며 일본 특유의 군신관계가 이룩되는 시기의 이야기다. 이후의 일본은 천황제가 공고화되고 기술문명이 발달하면서 서양 문물의 도래로 상인계급이 형성되고 근대 국가 체제가 만들어지기 시작하는 본격적인 막부 시기이다. 미야자키의 시선은 왜 그 시기를 향하고 있는가.

모더니티의 신체 절단 이미지는 이전 세계의 해체를 시각화하면서 동시에 총체성을 향한 의지라는 특성을 지닌다. 모더니즘과 제국주의 파시즘의 친연 관계는 자세히 설명할 필요조차 없다. 이 스펙타클한 애니메이션은 신체 절단 이미지를 통해 강력한 막부가 형성, 신흥 다이묘들이 출현하기 직전인 무로마치 시기의 전란기적 혼란과, 1990년대 거품경제가 사라지면서 불경기가 지속되고 사회적으로 혼란한 '잃어버린 10년'의 일본을 겹쳐놓는다. 그렇다면 왜 미야자키는 무로마치 막부 중기를 배경으로 하는 짐승신과 인간들의 갈등을 1990년대 후반으로 끌어오는가. 왜 하필이면 그 시기를 배경으로 향수를 불러일으키며 관객을 압도하는 이미지를 보여주는가.

「원령공주」의 시대 배경이 되는 일본 중세인 무로마치 막부 중기는, 서쪽으로부터 철기 문화가 도래됨에 따라 전란이 심화되고, 인간이 자연을 파괴하며 개발을 시작하는 시기였다. 14세기 말 무로마치 막부를 안정기로 접어들게 한 아시카가 요시미쓰는 천황이 되려고 했던 인물이며[12] 또한 이 시기는 점차 천황의 권위가 강화되는 시기이기도 하다. 바야흐로 일본에 장원 영주들을 중심으로 하는 농민 자치조직에 기반하는

'잇키'라는 공동체가 형성되고 대규모 잇키들의 성장은 막부의 지배 시스템에 동요를 일으켜 '오닌의 난'과 같은 전란으로 이어진다. 이러한 정치적 계기는 각지의 다이묘들을 출현케 해 일본을 전국시대로 접어들게 한다. 또한 1543년 총포가 전래되면서 직업 군인과 군대가 생겨나고 그로 인해 전란이 격화되는 상황이었다. 이런 시대상을 배경으로 하는 에보시의 '타타라성'도 일종의 철을 제련하는 잇키라 할 수 있을 것이다. 직업 군인으로 이루어진 강력한 철포 부대, 다이묘들과 천황의 관계는 이처럼 당시의 모습을 반영하는 것이다.

한편으로 자연을 상징하는 거대한 짐승신들은 철기를 생산하고 제련하는 타타라성과 에보시, 즉 강력히 자연에 맞서는 무기를 가지게 된 인간문명과 대결한다. 자연은 더 이상 경외의 대상이 아니라 개발하고 문명화해야 하는 또 하나의 야만이다. 야만은 늘 제거하거나 교화시켜야 할 대상이다. 문명화 논리를 기반으로 하고 있는 이 작품을 단지 자연의 파괴를 경고하는 내용이라 받아들인다면 무척이나 순진한 수용이다.

게다가 사슴신은 카시러의 말처럼, 이런 혼란기가 요구하는 인격화된 신으로 그려지고 있다. 태양신 아마테라스의 후손인 천황의 힘을 인간과 자연의 대립적 상황으로 은유하면서 전체주의적이고 집단적인 일본의 내면 풍경을 원시림의 신들과 숲의 모습으로 재현하면서 향수하는 것이 다름 아닌 「원령공주」 아닌가. 전국에 할거하는 다이묘들과 철포 부대 직업 군인들의 생명까지도 우주목 사슴신의 분노 앞에는 무용지물이다.

사슴신의 모습은 현재 일본인들이 보기 원하는 정치적으로 강력한 지도자인지도 모른다. 데이다라보찌로 변한 사슴신은 비록 쓰러지지만 죽은 것은 아니다.

아시타카는 시시가미(사슴신)가 죽었다고 전하는 산에게 "시시가미는 절대 죽지 않아, 시시가미는 생명 그 자체니까. 시시가미는 생명과 죽음 모두를 가지고 있어. 시시가미는 내 귀에다 대고 '살아야 해!'라고 속삭였어."라고 말한다. 죽음의 저주를 지녔어도 살아남아야 하는 아시타카는 어느새 전쟁의 패배자이며 당사자인 일본의 이중적 정체성과 운명을 체화한 인물처럼 보인다. 지난 10년 동안 경제 침체의 심리적 위축은 빠른 속도로 회복되고자 하는 제국주의적 욕망으로 살아나고, 실체는 없지만 영향력은 살아있는 상징 천황제를 중심으로 대중적 결속을 염원하는 일본 우파들의 논리를 떠올리게 하는 대목이다. 요컨대, 「원령공주」는 경제적 불황과 전쟁의 주범이라는 심리적 죽음을 딛고 일어서 '강한 일본'의 부활을 꿈꾸는 일본인들의 대중적 욕망을 징후적으로 읽어낼 수 있는 작품이다. 최근 우려의 대상이 되는 일본의 우경화나 재무장의 의지가 이미 오래전부터 대중문화의 물밑에서 이데올로기적 투쟁을 시작하고 있었다고 말할 수 있을 것이다.

「센과 치히로의 행방불명」 일본적인, 너무나 일본적인

「원령공주」가 아이누 신화와 북방 시베리아 샤머니즘에 많이 기대고 있다면 「센과 치히로의 행방불명」은 일본적인 것을 더욱 시각화하는 동시에 영웅 신화라는 큰 틀을 이용하고 있다. 2001년 일본에서 개봉되어 2천4백만 관객이라는 일본 영화사상 최고의 흥행 기록을 세우고 베를린 영화제 금곰상을 받은 「센과 치히로의 행방불명」은 미야자키 하야오 애니메이션의 '종합선물세트'라고 할 정도로 이전 작품들의 요소를 발전시켰다. 10살짜리 꼬마 여자아이의 오이디푸스 궤적의 완성이 이야기의 기본구조를 이루며 '분리-입문-시련-귀환'이라는 죠셉 캠벨의 '영웅의 여행 모델'을 충실히 따르고 있다.

짜증 잘 내고, 칭얼거리기 좋아하는 평범한 열 살짜리 소녀 '치히로'의 가족들은 이사 도중 우연히 낡은 터널 속으로 들어간다. 터널 저편엔 폐허가 된 놀이공원이 있었고 그곳엔 이상한 기운이 흘렀다. 인기척 하나 없고 너무나도 조용한 이 마을의 낯선 분위기에 불길한 기운을 느낀 치히로는 엄마, 아빠에게 돌아가자고 조르지만 엄마, 아빠는 호기심에 들떠 마을 곳곳을 돌아다니기 시작한다. 그러다가 어느 음식점에 도착한 치히로의 부모는 그곳에 차려진 음식들을 보고 즐거워하며 허겁지겁 먹어대기 시작하는데, 그곳이 왠지 싫었던 치히로는 혼자 되돌아가겠다고 음식점을 나선다. 하지만 낯선 소년 '하쿠'가 나타나 날이 어두워지기 전에 빨리 이곳을 나가라고 소리치고, 치히로는 돼지로 변해버린 부모님을 보고 경악한다. 겁에 질려 당황한 치히로는 돌아가지 못한다. 날이 저물고 텅 빈 거리는 수많은 신들로 가득하고 활기를 띠기 시작한다. 치히로는 마을에 머물며 온천장 종업원으로 일하게 된다.

온천장의 주인인 마녀 '유바바'는 치히로의 인간 이름을 빼앗고, '센'이라는 새 이름을 준다. 마을 밖은 바다로 변해버려 건널 수가 없고, 엄마, 아빠를 구할 방법도 모른다. 단지 온천장에서 일하며 방법을 찾아야 할 뿐이다. 온천장은 신들의 휴식처여서 밤이 되면 8백만 신들이 하나둘씩 온천장에 찾아든다. 유바바에게 이름을 빼앗긴 치히로는 센이라는 이름으로 보일러실을 총괄하는 가마할아범과 린, 유바바의 오른팔인 하쿠의 보살핌을 받으며 그곳 생활에 적응하기 시작한다. 모두가 따돌리는 말 못하는 얼굴 없는 요괴 '가오나시'도 센에게 관심을 보이며 여러모로 도움을 준다.

평화로운 온천장은 센/치히로가 들어오고 나서 사건이 끊이질 않는다. 악취를 풍기는 오물신이 찾아오는가 하면, 조용히 지내던 가오나시가 센/치히로의 관심을 끌기 위해 금을 만들어내기 시작하며 종업원들을 현혹시킨다.

그렇게 하루하루 지내던 어느 날, 용으로 변했던 하쿠가 상처를 입고 목숨을 잃을 위기에 처하자 센은 생과 사의 갈림길을 운행하는 죽음의 기차에 오른다. 유바바의 쌍둥이 언니 마녀 제니바만이 하쿠를 구하는 방법을 알고 있다.

처음과는 달리 용감해진 센은 가오나시, 뚱보 쥐(뚱보 쥐는 유바바의 아들인 보가 변한 모습이다)와 홀쭉 까마귀 세 명의 친구들과 함께 돌아오지 못할 것 같은 길을 떠나게 된다. 기차를 타고 제니바의 집에 도착한 센 일행은 의외의 환대를 받는다. 하쿠가 센을 데리러 오고 용이 되어 하늘을 나는 하쿠의 등에 타고 가던 센은 어린 시절 자신이 빠졌던 강의 신 하쿠의 이름을 기억해낸다. 이름을 기억하게 된 하쿠는 잃었던 자신을 되찾고 자유의 몸이 된다.

온천장에 도착한 일행은 유바바를 만나 센의 기지로 부모님을 구한다. 하쿠와 작별을 하고 그곳을 떠난 센은 엄마 아빠와 재회하지만 그들은 자신들이 겪었던 일을 하나도 기억하지 못한다. 센의 가족은 터널을 지나 원래의 일상으로 돌아온다.

죠셉 캠벨은『천의 얼굴을 가진 영웅』에서 신화에 나타나는 영웅들의 궤적을 분석하고 있다. 기이한 탄생의 비밀을 가진 영웅은 운명적으로 모험에의 소명을 받고 조력자의 도움으로 많은 관문과 죽음의 시련을 통해 귀한 보물이나 선약(elixir)을 가지고 귀환한다. 이 영웅 여행의 사이클은 이 작품의 큰 틀을 이루고 있다. 어리고 철없는 치히로가 요괴들의 세계로 들어가 돼지로 변한 부모를 인간으로 되돌리려고 겪는 모험은 영웅의 궤적과 크게 다르지 않다. 하쿠와 가마할아범 같은 조력자들의 도움으로 여러 어려운 고비를 넘기고 고래 뱃속 같은 유바바의 성에서 우정과 사랑이라는 귀한 보물과 함께 엄마 아빠를 구해 일상으로 돌아오는 과정은 한 아이가 영웅으로 성장하는 과정이기도 하다.

영웅의 모험은 세계로부터의 분리, 힘의 원천에 대한 통찰, 황홀한 귀향이라는 단위로 이루어진다. 분리-입문-시련-귀환의 단계는 미숙한 영웅을 진정한 영웅으로 변화시킨다. 보통 세상(ordinary world)에서 특별한 세상(special world)으로의 이행은 터널이나 다리를 건너고 문지방을 넘는 행위이다.

작품의 첫 장면은 이사를 가는 치히로의 가족을 보여준다. 이사를 가는 차 안이라는 설정은, 이 동네에도 저 동네에도 속하지 않은 상태이며 그 자체가 경계이며 다른 세계로의 진입 과정이라는 것을 보여준다. 차 안에서 치히로가 친구들이 준 꽃다발을 끌어안고 엄마에게 투정을 부리는 사이, 그녀는 자신도 모르게 특별한 세계로의 진입을 시작하고 있다. 마을 어귀에서 치히로 가족은 숲으로 난 샛길로 접어들고 그 길의 초입에는 커다란 나무(일본신도는 숲의 신앙이라 할 정도로 나무와 깊은 관련이 있다는 사실을 기억하자)와 신목(神木)이 놓여있고 신들을 모시는 조그만 사당들이 즐비하다. 마을과 숲의 경계를 넘어서면서 그들은 특별한 세상으로 들어가게 된다. 그 숲의 환하면서도 을씨년스러운 분위기는 앞으로의 사건을 예고한다. 차는 낡은 터널 앞에 멈춘다. 아무 의심 없이 엄마 아빠는 그 터널 안으로 들어가고 뭔지 내키지 않는 치히로도 별 수 없이 터널 안으로 들어선다.

도플갱어, 분열과 통합

치히로가 들어가기 원치 않던 터널 앞 장면, 돌로 만든 석상 하나가 웃고 있다. 앞뒤로 같은 얼굴인 이 석상은 이 작품을 관통하는 신화적인 모티프인 '도플갱어(Doppelgänger)' 이미지를 보여준다. '또 다른 나', '나란히 걷는 자'라는 뜻을 가진 도플갱어는 한 인물의 두 가지 모습을 그리는데 종종 분신이나 쌍둥이 형제로 나타나기도 한다. 이는 「베로니카의 이중 生活」과 같은 영화의 직접적인 주제이며 '늑대인간'류의 호러 영화, 『지킬박사와 하이드씨』 『도리언 그레이의 초상』과 같은 소설, 『드라큘라』 같은 흡혈괴물, 『프랑켄슈타인』의 괴물과 박사의 관계같이 수많은 문학 작품과 영화에서 변주, 발전하는 오래된 테마이다. 「페이스 오프」「무간도」「마스크」「킬

리만자로」와 같은 영화들도 도플갱어 이야기라고 할 수 있을 것이다. 인간은 영혼과 육체로 이루어져 있고 세계는 낮과 밤, 삶과 죽음으로 구성된다. 여자와 남자, 밝음과 어둠은 인간의 이중성이나 분신의 개념을 가능하게 했다. 융의 방식으로 말하면 한 인간 안의 그림자(shadow)와 자아(ego)의 관계라고 할 수 있을 것이고 내 안의 다른 나, 혹은 나와 같은 다른 사람, 즉 나의 거울상(때로 그것은 뒤집혀 있기도 하다)에 관한 은유가 도플갱어이다.

이 작품에서는 실제로 한 인물인 센과 치히로의 관계나 쌍둥이 마녀 유바바와 제니바의 관계, 센과 하쿠의 관계 등은 모두 도플갱어적 관계들이다. 센과 치히로는 한 인물이다. 센은 귀신 세계에서 돼지로 변한 부모님을 구하고 살아남기 위해서 힘겨운 일을 해야 하는 위기에 처한 독립적인 여자아이인 반면, 치히로는 이사 가는 차 안에서 친구들과 헤어지게 되었다고 투정부리는 철없는 아이이다. 도플갱어적 관계의 설정을 통해 철딱서니 없는 여자아이는 성숙한 자아를 가진 철든 아이로 변화된다. 그리고 행방불명의 시간 동안 그 도플갱어적 분열은 통합된다. 유바바와 제니바도 한 인물의 두 가지 측면으로 보인다. 유바바는 인정사정없는 온천장의 여주인이지만 아기 보에게는 어쩔 줄 모르고 쩔쩔매는 어머니이다. 극단적인 모습을 가지고 있다고 할 것이다. 반면 제니바는 유바바에 비해 훨씬 지적이고 어른스러운 인물이다. 냉정하고 이성적이다. 하지만 역시 한 인물의 분화된 모습으로 여겨진다.

도플갱어 모티프는 자아의 분열과 통합이라는 차원에서 이해해야 한다. 그리고 자아의 통합 과정에서 한쪽이 한쪽에 패하거나 죽거나 혹은 어떤 계기로 배제되어야 한다. 그러나 그들은 분리된 두 인물이거나 한 인물의 두 측면이므로 한쪽이 사라지면 다른 한쪽도 사라지게 되는 운명공동체이다. 그런데 왜 이러한 도플갱어의 모습이 빈번하게 등장하는 것일까? 혹시 이것이 일본적 자기분열을 표상하는 것은 아닐까? 「원령공주」에서 보여준 자연과 문명의 대결과 같은 외부적인 대결구도에 이어 자기 내부의 싸움을 표현하는 것은 아닐까? 유바바와 제니바는 알 수 없는 이유로 대립하고, 센과 치히로는 한 여자아이의 안에서 공통점이 없는 성격들이다. 자기 혼돈과 분열의 표현은 자기 안의 싸움으로 형상화된다.

이들의 분열은 터널을 통과하면서 시작된다. 일가족은 분열의 귀신세계, 이 세상이 아닌 저 세상, 혹은 개발하다가 멈춘 놀이동산으로 진입하게 된다. 시간과 공간을 알 수 없는 곳, 산 자들과 죽은 자들이 공존하는 판타스틱한 일본 신도(神道)적 신화 공간으로 들어선 것이다. 이 귀신세계는 바흐친적 축제적 시공간, 즉 크로노토프(cronotope)를 형상화하고 있다. 춤추고 노래하는 통음난무(通淫亂舞)적 시공간은 일시적인 억압의 해방구이다. 억압이 심하면 심할수록 반동적 분출의 힘도 강력하다. 오비디우스에 의하면 신화는 변신 이야기이다. 센은 치히로로 변하고, 유바바는 밤마다 인면조로 변한다. 하쿠는 푸른 용으로 변하고 아기 보는 조그만 생쥐로 변한다. 가오나시는 끝없이 음식을 먹어대는 괴물로 변하고 엄마 아빠는 돼지로 변한다. 그러나 이 작품의 미덕(혹은 봉합)은 도플갱어적 존재들이 자기 분열을 해결하는 방식이 죽음이나 공멸이 아니라 화해와 용서라는 점이다. 또한 하쿠 용에서 보듯이 자기 적멸(寂滅)을 통한 비상이란 점이다.

그렇다면 이러한 도플갱어적 세계에서 일본인들은 어떤 방식으로 신들의 세계와 화해하는가. 그것은 다름 아닌 '시욕'이라는 일본의 목욕 문화이다. 8백만 신이 와서 목욕을 하고 간다는 설정은 그래서 놀랍다. 일본에서 '목욕'이라는 것은 종교적인 의식의 하나였다. 일본은 고온다습한 기후와 겨울의 난방을 위해 오래 전부터 목욕 문화가 발달했다. 특히 '시욕'이라 하여 다른 사람을 목욕시키면서 공덕을 쌓는다고 믿었다하니 왜 센과 치히로의 무대가 온천장인지 짐작이 간다. '시욕'을 하는 행위는 신을 받들고 모시는 최고의 의례인 셈이다.

오물로 뒤덮인 강의 신을 목욕시키는 장면을 놓고 많은 비평가들이 환경문제를 거론하기도 하지만 이는 일본의 '시욕' 풍습, 즉 목욕을 시켜주고 공덕을 쌓는 전통이라는 측면이 더 강한 것 같다. 그래서 오물신으로 오인 받았던 강의 신을 잘 모신 센/치히로는 만병통치약인 경단을 하나 얻는다. 신을 모시고 받든다는 의미에서 센에게도 샤먼의 모습이 보이는 것은 부인하기 어렵다. 온천장은 신들에 시욕하고 그들을 위해 마츠리[祭]를 연다.

일본 신도에는 '이미'라는 관념이 있다고 한다. '이미'는 일종에 신성을 의미하는데 신성한 것과 부정한 것의 상반되는 요소가 함께 담겨 있다. 일본인들은 생명력이 가진 선악이 하나의 뿌리에서 나와 연결되어 있는 것으로 파악한다. 생명의 고갈이 곧 악이라고 생각하는 일본인들은 '마츠리'라 불리는 신도 의례를 통해 쇠퇴한 일상에 생명력을 다시 불어넣었다고 한다. 일상의 위기와 생명력의 고갈을 축제인 마츠리를 통해 정화하고 회복해 왔다는 것이다. 그러니까 '생명력' 자체가 최고의 신인 셈이다. 「센과 치히로의 행방불명」에서 신들이 춤추고 노래하는 장면은 일종의 마츠리이다. 그들은 목욕하고 마츠리를 통해 정화되면서, 생명력의 고갈을 회복하며 다시 살아나는 것이다. 유바바의 온천장은 이런 마츠리의 장소이고 일본적 정신의 성소이다. 신들의 목욕, 일본적 정신의 부활이 흥겨운 마츠리, 재미있는 애니메이션의 형태로 많은 사람들에게 거부감 없이 받아들여지는 것이다.

타타라성 대 유바바의 온천장

그럼 이제 온천장 얘기를 해보자. 「원령공주」의 타타라성과 유바바의 온천장을 비교해보는 것은 무척 흥미롭다. 타타라성은 공산주의적 공동체로, 유바바의 온천장은 자본주의 노동 공간으로 설정되어있기 때문이다. 더구나 타타라성과 유바바의 온천장은 공히 학교로서 공장의 기능을 수행하는 공간이다. 타타라성은 프롤레타리아들이 노동의 규율과 규칙을 학습

하는 이상주의적인 공동체로 그려지고 있는 반면, 유바바의 온천장은 종업원들의 노동력을 착취하고 일하는 기계로 만드는 자본주의의 억압적 노동 공간이다. 그곳은 자본의 논리가 모든 것을 지배하는 세계이다. 돈의 권력 관계가 확연히 드러나는 곳인 유바바의 온천장이 일본인들의 판타지 세계라는 점은 주목해보아야 할 부분이다.

왜 '잃어버린 10년'에 대한 회한과 고도 경제 성장기에 대한 향수가 귀신들의 판타지 세계와 오버랩되고 그 자본주의의 억압적 환경 아래에서 귀신들이 마츠리를 할 정도로 돈의 논리가 찬양되고 있는 것인가. 왜 그들은 돈벼락을 맞으며 귀신들과 한판 축제를 벌이지 않으면 안되는 것일까. 나의 걱정은 이만저만이 아니어서 이것이 혹시 과거를 향수하는 방향으로 가는 일본의 내적 성찰이며, 이러한 문화 민족주의가 막강한 자본을 바탕으로 외부로 팽창하려는 신제국주의적 양상과 결합하여 확대되는, 새로운 일본 파시즘의 무의식적 맹아의 표현은 아닐까하는 과한 염려까지 나아간다.

일본의 근대는 천황제 이데올로기에 근거한 학교 교육과 군대 재편으로부터 시작되었다. 메이지 초기 '학제'와 '징병제'는 일본 근대의 도래에 큰 변화를 가져온 제도이다. 학교와 군대 모두는 교육기관이다. 자본주의 노동 공간인 공장도 프롤레타리아트들의 교육 기관으로 인식된다. 공장은 학교이고, 군대도 학교이며, 거꾸로 말하면 근대적 학교 제도 자체가 그러한 공장이다.[13] 근대 국가 그 자체가 '인간을 다시 만들어내는 하나의 교육장치'인 셈이다. 학교와 군대를 통해 국가 전체를 '공장＝군대＝학교'로 조직화하는 것이다. 타타라성과 유바바의 온천장은 그런 공장이자 학교이다.

미야자키가 젊은 시절 공산주의 사상에 경도되었다는 사실은 익히 알려져 있다. 그리고 그의 작품에 나타나는 공동체들은 그런 그의 사상의 영향 아래 있다. 나우시카의 바람계곡이 그렇고 천공의 성 라퓨타가 그렇다. 「미래소년 코난」의 코난이 나고 자란 과학자들의 공동체도 마찬가지다. 함께 생산하고 함께 생활하는 공산주의적 공동체의 결정판은 「원령공주」의 타타라성이다. 그들은 철을 제련하면서 공동생활을 한다. 에보시 두령은 강력한 지도자이며 모든 구성원들은 그를 중심으로 일사분란하게 움직인다.

타타라성은 인간 문명 세계를 대표하고 이상주의적인 공동체로 그려지는 동시에 근대의 시작으로 보인다. 근대국가로서의 일본, 메이지 유신 이후 급격한 근대화에 박차를 가하던 그들의 이상주의적인 모델이 아마도 일사 분란한 운명공동체였던가 보다. 그들은 한편으로 신들의 세계, 숲과 산을 야만으로 날조하면서 자신들이 문명임을, 개화의 주체임을 강조한다. 우월한 민족이 야만을 개화해야 한다는 문명화 이론의 구현이다. 다른 한편으로 그들은 철포를 제작한다. 무기를 만드는 그들의 모습은 재무장을 원하고 군대를 보유하고자 하는 일본 우익의 논리를 시각화한다. 야만인 자연을 개화하기 위해 무기를 만드는 타타라성은 이상주의적인 삶의 현장으로 그려지고 있다. 더구나 그들은 '천형(天刑)'이라 불리는 문둥병을 앓는 소외된 사람들과 함께하며 신의 저주를 받았음에도 '살아야 하는' 아시타카와도 함께 살기로 한다. 오염되고 저주받았지만 살아남아야만 하는 일본의 자기정체성이 드러나는 대목이지만 그들이 만드는 것이 철포라는 점은 분명한 정치적 의미로 해석될 수 있겠다.

그런데 타타라성은 유바바의 온천장과는 분명히 다르다. 소외되고 병든 철포 제작 기술자들과 가난한 노동자들은 운명공동체이다. 그들의 노동은 돈을 목적으로 하는 듯 보이지는 않는다. 오히려 근대국가의 건설, 타타라성의 재건과 이상향의 실현이 중요해 보인다. 그러나 유바바의 온천장은 황금만능주의에 물들어 있다. 요괴 가오나시가 센의 환심을 사려고 뿌리는 사금을 받으려 혈안이 된 온천장 종업원들은 밤잠을 설쳐가며 그의 시중을 든다. 자신들마저 집어삼키는 가오나시의 탐욕과 욕망은 또 다른 방향감을 잃은 현대 일본의 모습으로 보이기도 한다. 그곳은 일하지 않으면 이름도 얼굴도 없는 돼지로 변하는 곳이며, 계약서에 이름을 쓰는 순간 마녀 유바바에게 이름을 빼앗기는 곳이다. 그곳은 타타라성과는 다른 자본주의적 근대 노동 공간이다. 규율을 배우고 조직을 익히는 곳이라는 점에서 그곳은 학교이자 공장이다. 구성원들은 그곳에서 돈을 벌지만, 공동체적 대의명분은 사라진 곳이다.

미야자키 하야오의 작품에서 공산주의적 공동체 타타라가 억압적인 자본주의적 조직인 온천장으로 변화하고 있는 점은 흥미롭다. 신화화된 숲을 배경으로 하는 이상주의적 공동체는 이제 황금에 눈먼 비인간적인 자본주의 노동 공간으로 바뀌어 있다. 그 안에서 그들은 노래하고 춤춘다. 더구나 그들 노동의 대상은 실체 없는 자본을 가진 귀신들이고 유령이다. 그래서 유바바의 온천장은 흡사 현대 일본 사회의 모순과 소외를 상징하는 장소로 보인다.

10년 이상의 경제 불황으로 인한 자신감 상실을 겪은 일본인들은 무의식적으로 강력한 사슴신과 같은 존재를 욕망하고, 그들의 심리적 혼돈 상태는 귀신들의 진오귀굿으로 가시화된다. 그리고 그 방향은 더욱더 자기 내면으로 파고들어 제국주의적이고 민족주의적인 방향으로 진행되는 듯하다. 일본인들의 트라우마는 이제 외부에서 내부로 향하면서 그 대중적 욕구에 대한 반응으로 뒤죽박죽 귀신들의 세계로 도피하고 판타지를 만들어내고 있는 것이다.

역사가 말해주듯이 '근대 국가의 성립'을 위해서는 학교와 군대 같은 제도의 정비만으로는 부족하며 무엇보다 중심화를 위한 동질의식이 필수적이다. 그 동질의식을 보장하는 것은 바로 '주체'라 할 수 있다. 내면-주체의 긍정은 '자기'를 기정사실화 하고 흔들림 없는 '자기'의 집합이 공동체의 '주체의식'으로 이어지며, 주체에 대한 공동체의 믿음이 바로 타자성을 인정하지 않고 민족과 국가 간의 대립과 침략을 뒷받침하는 것이라는 가라타니 고진의 지적은 타당하다. 그 주체들은 이데올로기적으로 종속된 주체들(subject-in ideology)일 수밖에 없고 그 이데올로기는 과거의 영광, 빛나는 제국의 시대, 천황제와 자본주의라는 일본적 이데올로기의 그늘 아래 속한 것이라는 점은 두말할 필요가 없는 사실이다.

문제는 그들 무의식의 신화적 상상력이 시각적으로 현실화되는 과정이 지극히 탈역사적이라는 점이다. 무로마치 막부를 배경으로 하지만 「원령공주」가 보여주고자 하는 것은 일본의 내면풍경인 정처 없는 원시의 숲이며, 「센과 치히로의 행방불명」에서는 시간성을 탈각해버린 잡신들의 공간이다. 분명히 미야자키 하야오 감독의 작품들은 하나의 궤적을 그리고 있다. 그의 시선은 외부에서 내부로 향하고 있으며 일본적인 것을 최고의 가치로 삼겠다고 선언했다. 상처 입은(저주받은) 리비도가 내향화하면(아시타카의 여행은 저주를 풀고 자신을 찾아가는 영웅 궤적의 수행 과정이다) 내면이나 풍경이 출현하지 않을 수 없다. 고바야시 히데오의 지적처럼, "시대 의식은 자의식보다 더 크지도 작지도 않은" 것이다.

경계를 넘어서 이름을 되찾아

다시 소녀 치히로의 영웅 궤적으로 돌아가 보자. 치히로는 내키지 않던 터널을 지나면서 보통 세상과 분리된다. 그 터널은 모험의 출발이다. 영웅은 다시 태어나기 위해 안으로 들어가야만 한다. 캠벨은 모든 관문의 통과는 '자기 적멸'의 형태를 취한다고 설명한다. 그 터널, 즉 특별한 세상으로 통하는 관문은 두렵고 어둡지만 그곳을 통과해야 영웅으로 거듭난다. 터널을 통과하니 기차역이 있고 개울이 있다. 적막한 기차역은 떠나고 도착하고 공간을 가로지르고 시간을 넘나드는 장소로 보인다. 또 물을 건넌다는 것은 '스틱스 강(그리스 신화에서 저승을 감싸도는 강)'을 건너는 것, 죽음의 세계로 들어간다는 표식이다. 그 얕은 개울을 건너는 것이 치히로에겐 팔짝 뛰어넘지 못하고 엉금엉금 기어야 되는 과정이다. 이렇게 시작된 모험은 빠르게 진행된다. 탐욕스럽게 명계의 음식을 먹은 치히로의 부모는 돼지로 변하고 그런 부모를 구하는 것이 치히로의 임무이다.

일하지 않는 자는 먹지도 말아야 한다는 논리에 따라 치히로도 일을 해야 한다. 죽음의 세계에서 일을 해야 한다는 것은 역설적이다. 그렇지만 노동이란 삶에 봉사하는 활동이자 죽음에 봉사하는 활동이기도 하다는 프로이트의 언술은 정확하고 또 유효하다. 에로스와 타나토스는 동전의 양면과 같은 것이며 그 삶과 죽음을 초월하려는 인간의 욕망은 신성함(the sacred)을 지향하는 법이다. 그러한 욕망은 이 영화에서 용으로 변신한 하쿠를 타고 날아가는 센의 모습으로 형상화된다. 그리고 잃었던 자신의 이름을 알게 된 하쿠 용은 허물을 벗고 인간의 모습으로 돌아온다. 두 어린 영웅은 기분 좋은 꿈처럼 맨몸으로 하늘을 난다. 시련과 죽음의 위기를 극복한 용은, 용으로서의 존재를 끝내자 비로소 진정한 차원의 자기를 획득하게 된 것이다.

죽어서 사는 역설이 초월과 비상의 순간, 떨어져나가는 용비늘로 반짝거린다. 그 멋진 장면에서 다시 하얗게 눈처럼 날리는 지는 사쿠라가 떠오는 것은 내 의식의 과잉인가. 사쿠라 가지를 꽂고 전쟁터에서 산화한 가미카제의 젊은 일본 영웅들은 야스쿠니 신사의 사쿠라 꽃으로 부활하기를 열망했다하니 그 사쿠라 꽃에 대한 일본인들의 미의식을 감안한다면, 반짝이며 우수수 떨어져나가는 용의 비늘에서 지는 사쿠라 꽃을 연상하는 것은 뜬금없는 이야기는 아닐 듯하다.

비상이란 상승과 초월인 동시에 인간 조건과의 결별을 상징한다. 비상은 무게가 소멸되었음을 선포한다. 엘리아데에 따르면, 영적 생명과 망아(忘我)적 체험, 혹은 정신력과 관련된 모든 상징체계는 새와 날개, 비상의 이미지에 의존하고 있다. 비상은 일상적 경험 세계에서의 탈출을 상징하기 때문이다. '비상'을 통해 인간은 초월과 자유를 한꺼번에 획득한다. 죽은 자의 육신을 쪼아 먹고 하늘로 날아오르는 독수리, 티벳의 조장(鳥葬)은 이러한 죽음을 초월한 비상에 대한 인간의 염원을 극적으로 보여주는 의례이다. 이 장면에서 사람들은 육체의 한계를 넘어서는 해방감과 자유로운 유영(遊泳)이라는 꿈을 본다.

「천공의 성 라퓨타」의 두 어린 주인공이 하늘을 나는 것, 「원령공주」에서 흰 개와 사슴을 타고 날 듯이 달리는 주인공들, 하쿠와 치히로가 하늘을 나는 것은 모두 미야자키 작품이 현실 초월을 지향한다는 점을 보여준다. 그 해방감과 자유로

움은 비행기나 우주선, 날아다니는 배, 하늘을 나는 용과 같이, 난해하거나 어렵지 않은 방식으로 쉽게 표현되고 있기 때문에 더 즐겁다. 더구나 그 비상은 지하세계로의 추락과 지옥으로 굴러 떨어짐 이후에 극적으로 벌어지는 사건이다. 센은 본의 아니게 길고 위태로운 계단에서 굴러 떨어지고 용을 안고 시커먼 고래 뱃속으로 추락하며 무시무시한 심연인 유바바의 방으로 빨려 들어간다. 물을 통과하거나 건너야 빠져나온다는 점에서 유바바의 온천장은 섬인 동시에 고래 뱃속이다. 그곳을 극복해야, 그 심연에서 솟구쳐 올라야만 진정한 영웅으로 거듭나게 된다.

이러한 영웅적 모험의 파트너인 하쿠와의 만남은 다리 위에서 이루어진다. 터널을 지나고 개울을 건넌 치히로가 자신의 영혼의 짝패, 영원한 남매를 만나는 것이 경계적 공간인 다리 위이다. 아담과 이브, 여와와 복희, 이자나기와 이자나미 신화에 나오는 많은 남매들은 근친상간의 주인공이기도 하다. 남매이자 부부인 이들의 결합은 모든 차이성을 무화시키고 원초적 카오스로 복귀하는 것과 새로운 창조를 가능하게 하는 원질로 기능한다. 치히로와 하쿠의 첫만남도 생명의 원천인 물에서 시작되지 않던가.

이들의 이야기는 일본의 창세 신화 중 '이자나기와 이자나미 신'의 이야기를 떠오르게 한다. 이자나기와 이자나미는 남매 신이고 그 둘은 많은 일본의 국토와 신들을 낳는다. 두 신은 남매이자 사랑하는 연인이다. 이자나미가 화산을 낳다가 자궁이 타서 죽어버리자 오빠 이자나기는 동생을 구하려고 저승을 방문한다. 그러나 이자나기는 자기 몸을 보지 말라는 이자나미의 말을 어기고 이미 저승의 음식을 먹어 온 몸에 구더기와 뇌신이 우글거리는 그녀의 몸을 보고 만다. 이로써 두 연인은 적이 되고 삶과 죽음으로 대결한다. 지상으로 돌아온 이자나기가 왼쪽 눈을 씻자 천황의 조상인 태양신 아마테라스가 탄생한다. 이 이자나기와 이자나미의 신화는 이제 치히로와 하쿠의 관계로 바뀌어 있다. 그 둘은 남매이자 어린 연인으로 보인다. 치히로가 자신의 손이 투명해지는 것을 알게 되어 강가에서 혼자 망연자실해 하자 하쿠가 나타나 석류알 같은 저승의 음식을 치히로에게 먹인다. 저승에선 저승의 음식을 먹어야 한다. 하데스에게 납치된 페르세포네가 일 년 중 반은 지상의 어머니 데메테르와 지내고 나머지는 하데스의 명계에서 지내야하는 운명이 되는 것도 지하세계의 음식, 석류를 먹었기 때문이다.

그런데 왜 물일까. 「센과 치히로의 행방불명」은 분명히 수많은 물의 이미지로 이루어져있다. 숲보다는 물이, 새보다는 용이, 산보다는 바다가 중요하게 부각된다. 물은 정화, 재생, 세례의 의식 등 무엇인지 부정한 것을 씻어내는 상징적 의미를 지닌다. 그리고 무엇보다 여성성을 의미한다. 신들의 특별한 세계에서 유바바라는 권력에 대항하거나 그 힘을 제어할 남성은 등장하지 않는다. 잠재적인 조절자라고는 서늘한 눈매를 가진 소년 하쿠 정도이다. 그러나 하쿠는 힘이 미약할 뿐

아니라 유바바의 부하이자 제자이다. 감히 그녀의 힘을 넘어
설 수 없다. 가장 강력한 여성성을 가진 유바바가 온천의 주인
이라는 점 또한 이 작품이 여성성에 얼마나 집중하고 있는지
짐작하게 한다. 시종일간 훈기가 서리고 미지근하고 따뜻한
기운이 넘치는 온천장, 늘 뜨겁게 활활 타오르는 자궁 속 같은
가마, 수많은 방들로 이루어진 온천장의 구조(유바바의 방으로
빨려 들어가는 치히로가 얼마나 많은 문들을 지나야 했는지 기억
해보라), 끝없이 펼쳐진 얕은 바다, 심지어 유바바의 도플갱어
인 언니 제니바가 사는 곳은 늪의 바닥이다. '시욕'의 의미를
다시 생각해보면, 마녀 유바바는 8백만 신들이 다시 힘을 회
복하고 정화될 수 있도록 자신의 여성성을 제공하고 그 대가
로 돈을 받는 못말릴 사업가이자 동시에 마녀의 얼굴을 한 샤
먼의 역할을 수행하는 것으로 해석될 수도 있다. 샤머니즘의
제일 원칙은 접신(接神)이다. 유바바의 여성성은 이 책의 마지
막까지 두고두고 논란의 원천이 된다. 그녀의 카오스적 여성
성이라니!

그렇다면 하쿠는 왜 하얀 용의 모습을 하고 있는가. 동양에
서 용은 땅에서 하늘로 올라가는 신성한 상상의 동물이다. 바
다에서 오는 자, 용을 타고 오는 자, 용은 바다에 속한 동물이
며 숭배의 대상이다. 해양계 부족이나 많은 남방계 종족들에
게 용은 신이다. 이 작품에서 물속에서 솟구쳐 오르는 용의 이
미지가 두 번 등장한다. 온천장에서 목욕을 마친 강의 신이 큰
소리로 웃으며 목욕물 속에서 솟구쳐 오르는 장면과 제니바의

흰 종이 새에게 쫓기는 용으로 변한 하쿠가 바다에서 몸부림 치며 고통스럽게 솟아오르는 장면이 그것이다.

섹슈얼리티의 측면에서 생각해보면 그 장면들은 솟아오르는 남근, 여성적인 물을 뚫고 올라오는 남성적인 용을 보여준다. 그렇지만 아직은 힘이 미약한 남성성, 그것이 바로 하쿠이다. 이러한 하쿠는 이름을 되찾고 유바바의 세계를 떠날 수 있음에도 불구하고 할 일이 남아있다면서 그 세계에 남는다. 제니바가 '용은 착하고 어리석다'고 말하는 부분이 있다. 신화적으로 용은 바다의 괴물, 태초의 뱀의 모범적 형상이며, 우주적인 물, 어둠, 밤, 죽음 등과 같은 상징, 그러니까 무형태적인 잠재자, 아직 '형태'를 획득하지 못한 모든 것을 상징한다. 그러므로 잠재된 남성성을 가진 인물을 이미지화하기에 용만큼 좋은 존재는 없을 것이다. 코스모스가 출현하기 위해서는 신들이 용을 정복하여 갈기갈기 토막 내지 않으면 안된다. 하쿠도 마찬가지다. 용의 죽음으로 코스모스는 회복되어야 한다. 하쿠가 센의 도움으로 이름을 찾는 순간, 하쿠의 몸을 감싸던 용 비늘들은 모두 다 떨어져나간다. 잃어버렸던 이름을 되찾는 것은 질서를 회복하는 것이고 그로 인해 용의 몸은 해체되지 않으면 안된다.

'화해(atonement)' 즉 '하나 되기(at-one-ment)'는 스스로 만들어낸(하쿠는 자발적으로 유바바의 부하가 되기로 했다) 두 마리의 괴물(신-초자아-으로 보이는 용과 악마-억압된 이드-로 보이는 용)을 포기함으로써 이루어지는 것이다. 육을 벗고 영이 거듭나는 자기해체, 자기적멸만이 진정한 자기를 찾을 수 있는 길이기 때문이다. 그러나 이것이 끝은 아니다. 하쿠의 영웅 궤적은 완성되지 못하고 잠재태로 남는다. 그는 해야 할 일이 있어 유바바의 세계에 남는다는 점을 기억하시라.

뒤죽박죽 진오귀굿

그럼 이쯤에서 센/치히로가 경험한 세계가 얼마나 뒤죽박죽의 세계인지 정리를 좀 해보자. 이 뒤죽박죽의 세계는 일본적 정체성과 고민을 고스란히 드러내는 것 같다. 10년 이상 경제적 불황을 겪고 있는 일본에서 이러한 신들의 마츠리 혹은 진오귀굿이 필요한 이유는 무엇인가. 일본 영화사상 최대의 관객동원에는 분명히 이유가 있다. 자신감의 상실을 보상할 초월적인 가치를 보고자 하는 대중의 무의식적인 요구가 가시화된 것이 아니겠는가.

이사 가는 일상은 현대 일본이라는 시간과 공간이다. 터널을 통과하면서 특별한 세계로 진입하자 거기는 시간과 공간이 애매한 텅 빈 기차역과 개울이 있다. 그곳을 지나면 유바바의 온천 마을이 나타난다. 터널 이후 여기까지의 시간과 공간은 애매했지만(경계였으므로) 이제부터는 명백한 신들의 시간에 따른다. 치히로가 저승의 음식을 먹고 난 후 그곳은 더 이상 해가 져야만 활동하는 곳도 아니고 인간이 들어올 수도 없는 전혀 빈틈이 없는 곳이다. 우연히 들어왔지만 나갈 수 없는 폐쇄적인 세계가 된 것이다. 작은 개울은 바다로 변하고 유바바의 온천장은 하나의 섬이 된다. 바다 건너 멀리 다른 마을인지 인간 세계인지 마을이 하나 보이고, 린은 그곳으로 가고 싶어 한다. 어디로 가는지 모르는 기차만이 유일하게 이 원형의 섬을 관통하고 지나간다. 이 폐쇄적인 귀신들의 섬은 흡사 섬나라 일본의 모습으로 보인다. 이러한 공간적 유사성은 유바바의 온천장에서도 찾아진다.

일본식 온천 건물 내부의 유바바의 방은 로코코 양식의 호화로운 내부 구조를 지니고 있다. 일본의 희망인 어린 아이가 서양의 철갑옷(건드레스)을 두르고 지구를 구하는 로봇 메커닉물의 메커니즘이 다시 떠오른다. 그런데 이번에는 반대이다. 겉은 일본이고 속은 서양인 유바바의 온천장은 일본적 정체성의 혼란을 말해주는 또 하나의 표리부동의 기표이다. 경계와 구분은 혼란스럽고 모든 것은 뒤죽박죽이다.

온천장의 종업원들은 황금을 뿌리는 요괴 가오나시를 위해, 아니 사금 한 쪼가리를 얻기 위해 동분서주하며 밤잠을 설친다. 어른보다 큰 아기, 철없는 자식에게 꼼짝 못하는 부모의 모습은 불균형적이면서 어딘지 병적이다. 관심을 끌기 위해 소화시키지 못하는 음식들은 끝없이 먹어대는 가오나시의 집착과 폭식, 자신의 목소리로 말을 할 수 없는 얼굴 없는 요괴의 모습은 어쩐지 국가는 부강해지는데 개인은 가난해지는 현대 일본 사회의 모순과 소외를 은유하는 듯도 하다.

과거와 현재, 동양적인 것과 서양적인 것, 신과 인간, 밤과

낮, 선과 악, 삶과 죽음, 용과 새, 여자와 남자, 현실과 상상, 이곳과 저곳이 넘나들고 중첩되면서 구축되는 뒤죽박죽의 세계에서, 일본 신도적 세계관과 서양 영웅의 신화가 절묘하게 결합한다. 그저 우연히 만들어낸 재미있는 이야기가 아니라 치밀하게 계산되고 준비된 신화적 내러티브가 힘을 발휘하는 것은 당연한 일이다.

영웅의 귀환은, 저승에서의 귀환이다. 오랜 시련과 관문을 통과하고 과업을 완수한 영웅은 삶과 죽음의 문지방을 다시 넘어 영약 엘릭시르를 가지고 귀환하는 법이다. 평범한 여자아이가 그 궤적을 성공적으로 완수한다. 부모를 구하고 자신의 이름을 찾고 친구의 이름도 찾아준다. 알튀세르의 호명까지 들출 필요는 없을 것 같다. 잃었던 이름을 되찾는다는 것은 자기의 정체성을 회복하는 것이다. 센/치히로의 영웅 모험담은 이승과 저승을 사랑과 우정이라는 튼튼한 실로 봉합하는 것으로 결말지어진다. 제니바가 준 이승의 실과 저승의 실을 꼬아 만든 반짝거리는 머리고무줄이 그 증거이다.

「센과 치히로의 행방불명」의 세계는 죽음의 세계이다. 낮에는 인면조로 변해 날아다니는 유바바, 뿔 달린 도깨비, 처키 인형같이 생긴 유바바의 아들 보, 얼굴 없는 가오나시, 한없이 늘어나는 여섯 개의 팔을 가진 가마 할아범, 숯검댕이 귀신, 이름 모를 수많은 신들. 가히 상상할 수 있는 귀신과 괴물의 모습은 다 있는 것 같다. 그 귀신들이 목욕하고 먹고 마시고 춤추고 노래하고 휴식을 취하는 공간에서 인간 아이는 일을 한다. 유바바의 온천장은 귀신들의 해방구이다. 그 영혼들을 위로하는 한바탕의 축제가 유바바의 성에서 이루어진다. 예전의 놀이동산은 귀신들의 온천장이 되었고 그 안에서는 인간이 아닌 귀신들이 밤새 축제를 벌인다. 생명력을 회복하려는 신들의 마쯔리는 일종의 '즐거운 진오귀굿'이다.

이승과 저승은 그럼에도 불구하고 하나의 세계이다. 신들의 세계는 우리가 아는 세계의 잊혀진 부분이며, 확실히 신화는 '내면으로의 여행'이다. 인간이 무엇을 위해 살아야 하는지, 어디에서 왔으며 어디로 가는지, 어떻게 살아야 하는지를 알려준다. 그렇기에 신화는 반복되고 영웅은 끊임없이 만들어진다. 상징과 은유와 알레고리의 문법 안에서 작용하는 신화는 무엇보다도 현실에 대해 말하고 있기 때문에 진실한 것이다.

돼지로 변한 엄마, 아빠를 구하려는 효녀의 이야기라서, 어른 아이가 함께 볼 수 있는 건강한 내용이라서, 사랑과 우정이라는 주제가 감동적이어서, 게다가 인류 보편 정서에 맞닿아 있는 신화의 이야기여서, 우리에게 어떻게 살아야 하는지를 말해주기 때문에 「센과 치히로의 행방불명」은 특별하다. 보편적 영웅 모델의 궤적을 완수하므로 국적이 다른 수많은 사람들이 이 작품을 좋아하고 즐기지만 여기서 간과하면 안되는 것이 있다. 「센과 치히로의 행방불명」은 일본 신도의 이야기이며 미야자키 하야오의 작품들 중 가장 일본적 정체성의 문제를 화두로 삼는 작품이라는 점이다. 그 남다른 힘은 그가 끌어다 쓰는 강력한 신화적 요소와 구조에 있다고 말하고 싶다.

「하울의 움직이는 성」
전쟁이 부르는 특별한 로망스

아흔의 할머니와 스무 살이 갓 넘은 청년의 사랑이라니 조금 뜬금없다. 거리에서 받은 홍보용 그림엽서에서 처음 하울을 보았다. 푸른 하늘을 배경으로 검은 머리를 휘날리는 자신만만한 표정의 멋진 청년이 회색머리를 쫑쫑 땋고 모자를 눌러 쓴 놀란 표정의 할머니 어깨를 나란히 감싸고 있는 옆모습. 이게 웬 청년 하쿠와 마녀 유바바란 말인가. 미야자키 하야오의 전작 「센과 치히로의 행방불명」의 그 애매한 커플이 이렇게 변하다니. 미소년 하쿠는 매력적인 청년으로 자라나고 무서운 마녀 유바바는 순한 표정의 할머니가 되어 있다.

왜 스무 살의 청년이 아흔 살의 할머니를 사랑하는가

그때부터 알아봤다. 하쿠가 귀신들의 세계에 남아 있을 이유가 없는데 굳이 할 일이 남았다면서 치히로를 혼자 돌려보낼 때부터 뭔지 수상쩍었었는데, 시간이 지나 그는 소피 할머니를 사랑하는 바람둥이 청년 마법사 하울의 모습으로 돌아왔다. 물론「하울의 움직이는 성」이「센과 치히로의 행방불명」의 후속편은 아니다. 그러나 미야자키 감독의 작품이라는 관점에서 바라보면 하울은 분명히 성장한 청년 하쿠이다. 어린 시절의 하울이 나오는 부분을 떠올려보면 그 시절의 하울과 소년 하쿠는 똑같이 생긴 분명한 한 인물이다. 불꽃 마귀에게 심장을 판 하울과 마녀 유바바의 제자가 되기로 한 하쿠는 어둠의 세계에 자발적으로 발을 들여놓은 애니메이션판 파우스트들이다. 그들은 자신들의 과오를 고통으로 보상해야 하며 진정한 자신을 회복하기 위해서는 구원의 여성이 필요하다. 나에게「하울의 움직이는 성」은 하쿠의 성장담 혹은 뒷이야기로 보인다. 하쿠는 치히로에게 '재회'를 약속했고 그들의 약속은 시간과 공간을 넘어 아흔의 할머니 소피와 스무 살의 청년 하울의 사랑으로 지켜진 것이다.

소피는 죽은 아버지의 모자 가게에서 일하는 18살의 소녀다. 모자를 만들며 하루하루를 무료하게 보내는 소피는 자신의 희망 없는 미래를 걱정한다. 그런 소피가 사는 마켓

치핑에 마법사 하울의 움직이는 성이 나타나고 처녀들의 심장을 먹어버린다는 하울에 대한 소문이 파다하게 퍼진다. 도시 전체에 온통 전쟁을 격려하는 축제가 벌어지고 소피는 동생이 일하는 제과점을 방문하려 나선 길에 낯선 군인들의 수작에 어쩔 줄을 모른다. 그 순간 멋진 청년 마법사 하울이 나타나 소피를 구해주고 그녀는 하울을 따라 하늘을 걷는 신기한 경험을 한다. 그날 밤, 모자 가게에는 하울을 쫓아다니는 황야의 마녀가 나타나 질투 때문인지 소피에게 저주의 마법을 걸고 소피는 그만 아흔 살의 노파가 되고 만다. 할머니가 된 소피는 자신의 운명을 찾아 집을 나서고 저주를 풀 수 있다는 마법사 하울을 찾아 움직이는 성으로 간다. 그곳에서 소피는 자발적인 청소부로 일하면서 하울과 그의 제자 마이클, 불꽃마귀 캘시퍼와 함께 기이한 동거를 하게 된다.

한편, 왕국은 마법사 하울을 전쟁에 참가하도록 소환하지만 하울은 그 부름에 응하려 하지 않는다. 하울 대신 왕궁에 간 소피는 왕실 마법사 설리먼을 만나 하울의 본 모습을 보게 된다. 설리먼은 하울이 악마에게 마음을 팔아 마왕이 될 것이라고 말한다. 하울은 밤마다 어딘가 나갔다가 거의 탈진을 한 지친 모습으로 돌아오고 그런 하울을 소피는 사랑하게 된다. 황야의 마녀는 설리먼의 마법으로 힘을 잃고 하울의 성에서 함께 살게 된다. 날로 전쟁은 격해지고 설리먼은 숨어있는 하울의 성을 찾으려 혈안이 되어 있다. 캘시퍼의 힘이 약화된 틈에 설리먼 일당에게 들켜버린 성은 위기에 처하고 하울은 소피를 지키려고 안간힘을 쓴다. 소피는 하울이 그만 싸우도록 하기 위해 성을 무너뜨리고 영문도 모르는 전쟁에서 돌아오게 만들려 한다. 그 와중에 소피는 하울의 어린 시절로 빨려 들어가 캘시퍼와 하울의 관계를 알게 된다. 불꽃 마귀 캘시퍼에게 심장을 내주어 그를 살리는 대신 하울은 캘시퍼의 마법 능력을 자유자재로 쓸 수 있는 계약을 맺었던 것. 둘은 운명공동체로 묶여있는 계약 관계였으나 소피에 의해 무사히 그 관계에서 풀려나게 된다. 그렇게 하울은 마음을 되찾고 캘시퍼는 자유의 몸이 된다. 또 소피를 따라다니며 도와주던 마법에 걸렸던 순무 허수아비도 제 모습을 되찾게 된다. 그 순무는 옆 나라 왕자였고 그는 자기 나라로 돌아가 전쟁을 끝내겠노라 말한다. 마법사 설리먼도 전쟁을 끝내기로 결정한다. 그리고 무시무시한 전함들이 떠나기 시작한다. 소피와 하울은 사랑을 확인하고 움직이는 성과 함께 하늘 멀리로 날아간다.

여기서 잠시 전작 애니메이션 「센과 치히로의 행방불명」을 기억해보자. 소년 마법사 하쿠가 영웅으로 거듭나려면, 그는 마녀 유바바와 도플갱어인 쌍둥이 언니 제니바까지 물리치고 그녀들이 내부에 감추고 있는 '보물'인 미래의 신부(순진무구한 처녀성)를 찾아 그녀와 짝을 이루어야 한다. 그런데 하쿠가 이름을 되찾고 자기를 회복한 것은 스스로의 자발적 임무 완수를 통해서가 아니라 센이 기억을 떠올림으로써 가능한 것이었다. 그래서인지 하쿠는 자신의 영웅 궤적을 완수하지 않고 유보한다. 자신이 해야 할 일을 센/치히로가 대신해 준 셈이다. 그래서 그는 함께 세상으로 돌아가지 않겠느냐는 센/치히로의 제안에 여기서 할 일이 남아 있다며 유바바의 세계에 남는다. 남아서 할 일이란 진정으로 유바바 안의 소녀성을 일깨우는 것, 자신의 신부를 자기 손으로 찾아내는 일일 터이다. 쉬운 일은 아니다. 하쿠에게 유바바는 선생이자 적대자이고 후견인이면서 주인이기 때문이다. 그는 그녀에게 마법을 배우지만 늘 유바바에게 불만을 가지고 있는 듯 보이며 호시탐탐 그녀에게 도전한다. 겉으로는 그녀에게 복종하는 것처럼 보이지만 마음속에는 카오스적 엄마이며 최초의 여자인 유바바를 초월하고 그에 저항하려는 욕망이 꿈틀거리고 있다. 이들은 흡사 엄마와 아들 같기도 하고 연인 같기도 한 애매한 관계를 보여준다. 남자아이가 엄마와 합일하고픈 무의식적 욕망은 오이디푸스 콤플렉스와 거세 콤플렉스에 시달리며 극복되는 것임을 상기하면, 하쿠와 유바바의 관계가 이상할 것도 없다.

그런데 이들의 모자 관계는 새로운 어린 여자 센/치히로의 등장으로 균열을 보이기 시작한다. 그리고 그 균열은 결국 하쿠의 본성 되찾기로 이어지지만, 아들은 엄마를 거역하지 못하는 모양이다. 이러한 연유로 하쿠는 유바바의 세계에 남게 되는 것이다. 그러니까 결론적으로 센/치히로는 하쿠의 이상적인 여성상, 사랑하는 여인이 아니라 그러한 영웅적 모험을 감행하게 자극하고 그런 행동을 촉발하는 계기를 제공하는 촉매나 각성제의 역할을 수행한 것일 뿐이다. 그러므로 하쿠가 센/치히로를 따라 이 세상으로 돌아올 이유는 없었다.

　나의 이러한 설명이 설득력이 있다면, 「하울의 움직이는 성」은 영웅 하쿠/하울이 자신의 순결한 신부를 찾아내는 여정이며 오이디푸스 궤적을 완수하는 과정이라고 말할 수 있다. 유바바라는 강력한 카오스적 여성성을 극복해 자신의 신부 소피를 찾아낼 만큼 소년 하쿠는 청년 하울로 성장했다. 그래서 소피는 할머니의 모습을 한 소녀로 설정되어 있으며, 스무 살의 청년은 아흔 살의 할머니를 사랑할 수밖에 없도록 운명지어져 있다. '완전한 신부 찾기'를 위해 하울은 먼저 괴물 살해의 과업을 완수해야 한다. 진정한 남성 영웅이 탄생하려면 여성적 괴물을 살해하는 것은 필수이다. 남성 영웅으로 예비된 소년 하쿠는 유바바라는 모성적 괴물을 살해하고 분해해야만 청년 마법사 하울로 거듭나는 것이다. 이 과정은 유바바라는 마녀의 껍질을 벗기고 그 안에서 자신만의 신부를 구해내는 것이며, 남근을 가진 어머니를 극복하는 길이기도 하다.

어머니/처녀/창녀를 구분짓기

　그래서 하울은 극복해야 할 유바바라는 여성성의 세 측면을 분리한다. 한꺼번에 대적하기에 그녀의 여성성은 너무 강력할 뿐 아니라 두렵기 그지없다. 그래서 유바바는 세 명의 여사/할머니로 분열되어 등장한다. 마법사 설리먼, 할머니 소피, 황야의 마녀는 유바바의 여성성 중 각기 다른 세 측면으로 보인다. 그들은 각각 엄격하고 무서운 어머니, 할머니의 겉모습을 한 성적으로 순결한 처녀(이 처녀의 본 모습을 찾는 것은 나머지 두 여성적 존재들이 힘을 잃음으로써 가능하다. 순결한 처녀는 이중으로 숨겨져 있다), 과도한 섹슈얼리티를 지닌 창녀의 특징을 보인다.

뤼스 이리가라이가 증명해 낸 어머니/처녀/창녀의 구분은 가부장제에서는 고착화된 오래된 여성 구분법이다. 너무나 자연스럽고 당연해서 의심할 수조차 없던 견고한 구분이다. 이러한 세 가지 여성성의 측면을 모두 가진 한 인물을 상대하는 것보다는 그 각각의 여성성을 분리하여 맞닥뜨리는 것이 남성 영웅의 과업을 달성하기에 훨씬 용이할 것이다. 그래서 유바바로 체현되는 강력한 카오스적 여성성은 어머니를 표상하는 설리먼, 처녀 소피, 창녀 황야의 마녀라는 세 인물로 분화되고 있는 것이다. 이것은 어린 아이들이 두렵고 무섭지만 동시에 자애롭고 사랑으로 가득 찬 어머니의 두 측면을 통합적으로 받아들이지 못해 사악한 어머니(계모/살아있는)/천사 같은 어머니(생모/병들어 죽은)로 나누어버리는 동화적 이분법과 같은 맥락이다.

첫 번째 여성적 측면인 왕실 마법사 설리먼은 하울의 마법 학교 선생님인 동시에 극복해야 할 대상이며 적대자이다. 그러니까 무섭고 엄격한 어머니인 셈이다. 그 무서운 어머니를 잘 극복해야 아이는 영웅이 되는 법이다. 원작 소설에서 설리먼은 황야의 마녀에 의해 몸의 일부분이 따로 떨어져 마법에 걸려있는 남자 마법사지만 미야자키 하야오의 애니메이션에서는 중년의 여성으로 그려지고 있다. 왜 감독은 몸이 분해되어 형체가 없으며 이름만 전해지는 남성 설리먼을 중년 여성으로 변화시켰을까.

감독은 마녀 유바바의 엄격하고 권위적이며 지적이고 냉정한 면모를 설리먼이라는 한 인물로 집약시켜 놓고 있다. 거역하기 어렵지만 도망다니지 않을 수도 없고 피하고만 싶은 무서운 어머니가 설리먼이다. 소녀 소피는 아흔 살의 할머니에서 다시 소녀로 변하고 황야의 마녀는 위엄 있고 육중한 중년 여성에서 쭈글쭈글한 할머니의 모습으로 바뀌지만, 유독 설리먼의 모습만은 마치 변함없는 절대 권력의 화신이라도 되는 듯 시종일관 변함이 없다. 정확하진 않지만 설리먼은 하울이 자기편에 서서 전쟁에 참가하기를 종용한다(원작에서 전함이 하늘을 날아다니고 포화에 휩싸이는 본격적인 전쟁 이야기는 등장하지 않는다). 하울은 그녀와 함께 일하고 싶어 하지 않으며 그녀의 전쟁기계가 되기를 거부한다. 그가 할 수 있는 일은 설리먼을 피해 도망 다니는 것이다. 소피에게 저주를 걸어 할머니로 변하게 한 무서운 황야의 마녀조차도 설리먼의 강한 마법에 무장 해제당해 힘없는 노파가 되어버리지 않던가. 아무런 해도 끼칠 것 같지 않은 노파로 변해버린 황야의 마녀를 하울은 자신의 성에 기거하게 해준다.

이제 두려움의 대상이며 무찔러야 하는 적은 황야의 마녀가 아니라 설리먼으로 바뀐다. 두려워하던 여성(창녀)이 더 강력한 여성(어머니)에 의해 약화되고(어머니는 강하다!) 그 약화된 여성은 한 집에 기거해도 무방할 정도로(황야의 마녀는 치명적인 성적 매력을 박탈당한다) 더 이상 그를 위협하지 않는다. 하지만 아들은 이제 자신의 신부로 인해 어머니와 맞서 싸우기로 한다. 그만큼 아이는 성장한 것이다.

그렇다면 왜 하울은 황야의 마녀를 두려워할까. 그녀는 유바바의 창녀적 여성성을 계승하고 있는 인물이다. 원작에서 소피가 황야의 마녀를 처음 보는 순간의 첫인상을 기술한 부분이 있다. 그녀는 소피의 모자 가게에 온 '가장 화려한 여자 손님'이며 귀부인 같은 인상에 나이보다 훨씬 아름답고 젊어 보였다고 적혀있다. 원작에서 황야의 마녀는 노파로 변하지도 않을 뿐 아니라 끝까지 하울의 적대자이다.

그러나 애니메이션에서는 다르다. 창녀, 황야의 마녀는 강력한 어머니 설리먼의 왕궁으로 돌아가기를 갈망하지만, 그 왕궁에 들어갔다가 마법의 결계가 풀려 쭈글쭈글한 할머니로 바뀌고 마법능력도 박탈당한다. 어머니는 창녀를 받아들이지 않는다. 탕아는 돌아오는 존재이지만 탕녀라면 제거되어야 마땅하다. 환향녀(還鄕女)가 변하여 '화냥년'이 되는 것이 가부장적 질서의 세계이다. 오로지 순결한 처녀만이 어머니가 될 자격이 있는 것이다. 황야의 마녀가 마법을 잃는 공간은 강력한 어머니 설리먼의 왕궁이며, 마법을 잃는 순간에는 하울의 엄마로 가장한 순결한 처녀 소피가 함께 있다. 이상하게도 설리먼은 소피에게 상냥하진 않지만 호의적이다. 그녀가 하울의 진짜 어머니가 아님을 알고 있으면서도 기꺼이 속아준다. 마치 아들의 여자, 손자의 어머니로 암묵적 승인을 하는 것 같다. 소피는 아주 미약하며 통제 가능하고, 하울의 말이라면 무엇이든 할 것이므로 설리먼은 가짜 어머니 소피의 손을 들어준다. 그녀의 마법이면 하울과 소피를 처치하는 일쯤은 문제가 아닐 터이건만 그들은 왕궁을 무사히 빠져나온다.

반면 황야의 마녀는 하울의 심장을 원하는데 그 욕망은 성적 욕망으로 보인다. 마법을 잃고 쭈글쭈글한 할머니로 바뀐 후에도 그녀는 끊임없이 하울의 심장, 캘시퍼의 불꽃을 탐한다. 꿈속에 찾아와 잠자는 젊은 남자들의 정기를 빼앗고 그들의 피를 빠는 사악한 여신들은 다분히 성적이다.

창녀, 황야의 마녀는 그 여신들처럼 남자가 무엇인지, 섹스가 무엇인지 아는 여성이며 자기 욕망에 충실하고 스스로의 탐욕스러운 욕망을 실현시키려 분투하는 존재이다. 성적으로 어린 남자에게 그런 여자는 두려움과 동시에 호기심의 대상이다. 매혹과 공포가 만든 일종의 팜므 파탈 이미지인 셈이다. 하울은 소피에게 "황야의 마녀가 재밌는 사람일 것 같아 접근했는데 알고 보니 무서운 사람이라서 피해 다닌다"고 말하기도 한다. 그렇지만 마녀의 욕망은 어머니 설리먼에 의해 좌절되고(젊음을 빼앗기고 할머니가 되는 방식으로), 처녀 소피에 의해 완전히 박탈당한다(손에 넣었던 하울의 심장을 소피에게 넘겨준다). 그래서 전체적인 내러티브는 하울의 두려움이 해소되는 방향으로, 그가 두려워하는 강력한 여성적 섹슈얼리티가 제거되는 방향으로 전개된다. 남성을 위협하는 창녀적 여성성은 배제되고 전쟁으로까지 묘사되는 두려운 어머니가 진정되면서 어머니의 사랑과 자애로움의 측면이 회복되고 성적으로 순결한 처녀를 신부로 맞는 남성 영웅 궤적이 완수된다.

그렇다면 하울과 소피의 관계는 어떠한가. 소녀를 몸 안에 가지고 있는 귀여운 할머니 소피는 청소하고 빨래하고 시장 보는 전형적인 여성상을 재현한다. 그녀는 순수한 처녀이며 자의식이 강한 여자로 자신의 미래를 고민한다. 애초에 바람둥이 마법사 하울엔 관심도 없었다. 하울과 소피가 처음 만난 것은 거리의 뒷골목이었고 그가 군인들의 수작에서 소피를 구해주면서 관계가 시작된다. 두 사람은 첫눈에 서로 호감을 가지고 있으며 만난 바로 다음 순간 하늘로 날아오르고 창공을 걸어 다닌다. 그것이 사랑의 시작이었고 하늘을 나는 새로운 첫 경험은 황홀하고 놀라운 것이었다. 그것은 물레에 찔려 잠에 빠지거나 연못에 공을 빠뜨려 개구리왕자와 처음 만난 공주의 경험과 다른 것이 아니며, 발에 꼭 맞는 유리 구두를 신고 춤을 추는 것과 같은 '성적인 각성의 순간'으로 보인다.

그러한 소피의 첫 경험은 하울의 심장을 가지고 싶은 황야의 마녀에게는 거슬리는 일이었을 것이다. 그래서 황야의 마녀는 소피로서는 영문조차 알 수 없는 이유로 그녀를 저주해 할머니로 만들어버린다. 소피에게서 젊음을 빼앗아 무성적 존재로 만들어 버림으로써 여성적 매력을 제거한 것이다. 연적에게 씌운 저주로서 이보다 더 무서운 것이 있을까. 그러나 할머니로 변했음에도 소피는 하울의 사랑을 얻고 황야의 마녀가 건 저주는 풀리게 된다.

소피는 하울에게 구원의 여성상이다. 어머니와 아내의 역할을 성실히 수행하면서 아직 미성숙한 하울을 성적으로 위협하지도 않는다. 할머니라는 존재는 평생을 가사노동을 해 온 늙은 어머니이며 노련한 아내이다. 할머니는 끝없는 사랑을 주고 익숙하게 집안일을 한다. 소피가 하울을 사랑하는 마음이 들 때면 소녀의 감성과 본모습이 순간적으로 회복된다. 그러니까 일상에서는 내숭떨 이유가 없는 할머니가 필요하고(어머니는 무섭다), 사랑을 할 때는 소녀적 감수성이 요구되는 것이다. '낮에는 정숙한 아내이고 밤에는 요부'를 원하는 가부장적 이중 잣대를 가진 남성적 욕망의 결정판이 할머니와 소녀를 한 몸에 가진 이상적인 여성 소피인 셈이다.

다이애나 윈 존스가 쓴 원작에서 소피는 순간순간 소녀의 모습을 회복하는 할머니가 아니라 마법이 완전히 풀릴 때까지는 시종일관 변함없는 할머니의 모습이다. 그리고 할머니가 되어 좋은 점이 많다는 것을 강조한다. 가령, 자신을 짓누르고 있던 큰딸로서의 운명에서 벗어나고 새엄마에게서 떠나게 되어서 좋다거나(자기 운명 찾기와 독립의 의지), 자신의 욕망을 더 이상 숨기지 않고 그대로 드러내는 당당함이 우러나와 소녀로서는 가지지 못하는 배짱이 좋다(시선에서 자유로움과 진정한 자기 회복)거나, 혹은 할머니가 되고나니 행동이나 생각에 아무런 거리낌이 없어서 마음이 편안하다는 등의 심정을 말한다. 그러나 미야자키 하야오의 애니메이션에서 소피는 자신이 할머니로 바뀐 것을 사실로 받아들이기는 하지만 할머니로서 사는 것의 장점은 그다지 표현하지 않는다.

「센과 치히로의 행방불명」의 강력한 여성 유바바가 보여주었던 과도한 여성성은 이렇게 해체된다. 그리고 미약했던 하쿠가 청년 하울의 모습으로 등장하지만 상대는 성적으로 활발한 나이의 여성이 아니다. 아직 그의 짝은 자신의 미성숙함 때문에 성적으로 순결한 소녀이거나 나이 탓에 무성적 존재로 여겨지는 할머니여야 한다. 결국 할머니 안에서 소녀를 찾아내 순결한 자신의 신부로 삼는 영웅 궤적을 완수함으로써 소년 하쿠는 청년 하울로 변화하는 것이다. 마치 개구리가 왕자로 변하는 것처럼 아흔 살의 할머니가 소녀로 환골탈태하며 이 특별한 로맨스는 완성된다.

적은 누구이고 나는 또 누구인가

이전의 미야자키 하야오 감독의 작품에도 목숨을 건 싸움은 있었다. 「바람 계곡의 나우시카」에서는 거신병을 내세운 제국주의 군사국가 토르메키아와의 전투나 부해의 오무들과의 대결이 있었고, 「천공의 성 라퓨타」에서 시타와 파즈는 무스카 일행의 야욕을 저지한다. 그러나 「하울의 움직이는 성」에 오면 싸움의 양상은 사뭇 달라진다. 국가와 국가 간의 전쟁이 일어나고 사람들은 그 전쟁에 참전하거나 피난을 간다. 커다란 전함이 하늘에 가득하고 항구에는 군함들이 즐비하다. 그리고 애니메이션의 배경은 19세기 말이다. 그 시대는 제국주의가 발흥하고 일본이 군국주의적 파시즘 국가로 발돋움하는 시기이다.

그런데 하울은 대체 누구와 어떤 이유로 왜 싸우는가. 원작소설에는 밤마다 새의 모습으로 전투를 하는 하울과 전쟁 이야기가 등장하지 않는다. 하울의 밤 외출은 거의 여자들을 만나러 나가는 작업의 일환으로만 그려지고 있을 뿐이다. 그런데 미야자키 하야오는 원작에 없는 전쟁에 대한 이야기와 이미지들을 보탠다. 그리고 그 전쟁을 통해 여자들 꽁무니나 따라다니는 바람둥이가 아닌, 포화 속을 날아다니는 미스테리한 인물로 하울을 재창조해 낸다. 그러나 하울이 목숨을 걸고 밤마다 싸우는 적은 누구인가. 표면적인 적은 설리먼이지만 상당히 애매한 설정이다. 밤에만 행해지는 전투는 모든 사람들의 전쟁이 아니라 하울만의 전쟁이라는 인상을 주기 때문이다. 게다가 전체의 톤에 비해 이 전쟁 스펙타클들은 너무나 진지하고 무겁다.

애니메이션의 이야기만을 따르자면, 전장에서 마법사 하울은 자신의 선생이자 왕실 마법사인 설리먼에 대항해 싸우는 듯하다. 그러나 설리먼과 적대 관계에 있는 황야의 마녀의 수하들이 설리먼의 사주를 받고 제복을 입은 채 하울의 집으로 침입하는 장면(두 사람은 하울에게 모두 적대자로 등장하지만 그둘의 사이도 적대적 관계이다)이나 마지막에 마법에 걸렸던 순무가 사람으로 돌아와 자신이 이웃 나라 왕자임을 밝히며 전쟁을 끝내러 돌아가겠다고 말하는 점(설리먼이 그 이웃 나라와 전쟁을 했다는 의미인가, 그렇다면 하울은 설리먼에 맞서 이웃 나라를 위해 전투하는가), 하울의 적대자가 황야의 마법사에서 설리먼으로 바뀌는 점, 소피를 대신 왕궁으로 보내 자신이 겁쟁이며 전쟁을 하기에는 적합하지 않은 인물이라고 말하게 시키는 점(설리먼의 편이든 어느 편이든 전투를 하지 않겠다고 말하면서 하울은 밤마다 설리먼의 부하들에 맞서 싸우는 것 같다. 설리먼은 하울과 이웃나라, 즉 이중의 적과 싸우는가?), 하울은 자신이 전쟁에 적합한 인물이 아니라고 하고나서 소피를 위해 싸우겠다고 다짐한다. 이러한 장면들로 미루어 볼 때, 하울의 진정한 적이 누구인지 그가 왜, 무엇을 위해 싸우는지에 대한 대답은 더욱 혼란에 빠지고 오리무중이다. 단지 하울의 입을 통해 확인할 수 있는 유일한 대답은 '소피를 지키기 위해 싸움을 한다'는 것뿐이다. 그런데 그는 소피를 지키기 위해 누구와 왜 싸우는가 말이다. 그 어느 적도 소피를 하울에게서 빼앗아가겠다거나 그녀를 죽이겠다고 하지 않았다.

제2차 세계대전의 막바지에 자살특공대 가미카제 대원들의 수기와 일기는 그들이 죽음의 출정을 나가기 직전의 심정을 전하고 있다. 천황을 위해 사쿠라처럼 지겠다는 표면적 의지보다는 자신들의 사랑하는 여자친구나 어린 아내, 특히 어머니를 지키기 위해 출정한다는 내용들을 많이 담고 있다. 사쿠라 꽃가지를 꽂고 자폭비행기나 인간어뢰에 오른 그들은 돌아오지 않았다. 일본 제국 최고의 엘리트 젊은이들이 자신들의 애국심과 국가에 대한 충성심으로 전쟁터로 향하지만 정해진 죽음의 순간에 몰려 생각한 것은, 천황에 대한 충성심이나 제국 군인으로서의 장렬한 전사라기보다는 연인과 아들, 남편으로서의 의무감과 같은 것이었다. 표면적으로는 자신들의 죽음이 국가와 천황을 위하는 것이었을지라도 마음 깊은 곳에는 자신의 죽음이 사랑하는 사람들을 위한 것이기를 바랐던 것이다. 그들은 그런 전쟁을 거부하지 못하고 죽어갔다. 하울은 설리먼에 반기를 들고 그런 왕국을 위해 싸우지 않겠다고 말하지만 결국 사랑하는 여자를 위해 전장으로 나간다.

도이야마 이치로는 전장은 전쟁의 공간으로 한정되지 않는다고 보면서 '일상이 전장화되는' 현실을 설명한다. 인간들이 전쟁에 동원되는 것이 아니라 개개인은 전쟁에 이미 참여하고 있다는 것이다. 아름다운 꽃밭 위를 나는 전함을 떠올리면 그의 설명은 참으로 합당한 듯하다. 누구하고 싸우는지도 모르는 전장이지만 하울에게 전투는 일상이다. 그 폭력적 상황은 그를 마왕으로 변해가도록 만든다.

그런데 하울이 잘못한 것은 무엇인지 잘 나타나지 않는다. 하늘에서 떨어지는 별을 삼킨 것이 마왕으로 변할 정도의 잘못이었을까. 확실하지 않다. 마왕으로 변해가며 고통스러워하는 하울의 모습은 가미카제 특공대 젊은이들의 죽음을 앞에 둔 고뇌처럼 여겨지기도 한다. 사실 이처럼 전투를 하면서 고뇌하는 인물을 일본 애니메이션에서 우리는 이미 보았다. 「신세기 에반게리온」에서 자신이 왜 싸우는지, 이겨야하는 대상인 사도가 과연 무엇인지 모른 채 매일 애매하고 알 수 없는 전투를 해야 하는 소년 전사 신지가 바로 그런 인물이다. 그는 아버지의 강압에 의해 어머니 에바를 타고 전투한다. 어머니의 혼이 들어있는 로봇 에바와의 합체도가 높을수록 전투력이 상승한다. 그러나 그 전쟁은 아버지를 위한 것이다. 오이디푸스 콤플렉스의 극단적인 모습이 보이는 부분이다.

나는 미야자키 하야오 감독이 내러티브의 균열과 전체적인 작품의 정합성을 깨면서까지 이러한 스펙타클한 전쟁 장면들을 부각시키는 것은 그가 의도했든 그렇지 않았든 간에 아주 일본적인, 전쟁에 대한 특별한 기억과 노스탤지어, 혹은 반성이나 징후들을 드러내는 것으로 해석한다. 그뿐 아니라 과거의 기억과 현재의 이상주의가 충돌해 빚어지는 혼돈을 그리고 있다고 읽는다. 또한 그러한 혼돈은 자기 정체성의 혼란에서 비롯되는 것이라고 생각한다. 메를로 퐁티는 "국가와 전쟁의 주체가 누구인지 아는 것은 지각의 주체가 누구인지 아는 것과 동일한 성격을 갖는다"고 했다. 전쟁을 수행하는 국가가 누구인지 그 주체가 누구인지 「하울의 움직이는 성」에서는 도무지 알 수가 없다. 이것이 혼란스럽고 방향감을 상실한 일본적 정체성의 현주소가 아닐까.

저주받고 잘못을 저지른 시절이지만 그 시절의 승리감과 영광으로 빛나는 기억은 향수(nostalgia)로 돌아온다. 향수와 부인(disavowal)은 한데 얽혀있다. 그리고 억압된 욕망은 변형되고 왜곡된 모습으로 귀환하는 법이다. 군사적 팽창주의를 행하던 군국주의 일본의 영광을 다시 재현할 수는 없어도 애니메이션의 한 장면으로 그리워할 수는 있을 것이다. 억눌려있던 기억 한 자락이 애니메이션의 화려한 영상으로 귀환하며 사회적 욕망의 안전판 기능을 하기도 하는 모양이다. 그리고 무엇보다 그것은 아이들을 소구 대상으로 하거나, 혹은 어른들이 본다 하더라고 그저 한 편의 애니메이션이다. 전혀 위험할 것이 없다고 여겨지므로 안전하다. 과연 그러한가.

기억해보면 전쟁의 시작을 알리는 전단이 돌고 적국의 삐라가 눈처럼 쏟아지는 장면에서 사람들의 표정은 걱정스럽거나 두려운 것이 아니라 신나고 즐거운 모습이다. 사실, 축제인지 전쟁인지 분간이 안가는 장면들도 있다. 그리고 무엇보다 전편을 통해 가장 공들여 그린 것은 다름 아닌 '날개 같은 작은 노가 여럿 달린 빛의 비늘로 반짝이며 하늘을 가득 채우는 커다랗고 아름다운 전함'이다. 마치 군국주의 애니메이션이라 할 법한 우주를 유령선처럼 떠돌아다니는 「우주전함 야마토」가 연상된다. 아무런 생각 없이 첨가된 장면으로 보기에 그 전함의 존재는 너무도 시각적으로 아름답고 압도적이다. 나는 그 전함의 원화를 공들여 그렸을 누군가를 떠올린다. 미야자키 하야오였을 수도, 아닐 수도 있겠지만 그 누군가는 전함을 공들여 그리면서 무엇을 생각했을까.

「원령공주」에서 신의 저주를 받아 살기가 서리던 아시타카의 왼팔과 마왕으로 변하면서 새의 깃털이 돋기 시작하는 하울의 왼팔은 같은 의미를 담는다. 부끄러운 전쟁을 일으켰지만 죽을 수는 없으며, "살아야 해"라고 다짐하는 「원령공주」의 메시지는 여기서도 유효하다. 반인륜적 범죄행위가 자행되고 수많은 사람들의 목숨을 앗아가고 존엄성을 짓밟은 전쟁을 일으킨 일본의 과거는 분명히 내놓고 자랑스러워 할 수 있는 역사가 아니다. 이성적으로 생각해서는 다시 되풀이 되어서는 안되고 그런 시절을 그리워해서도 안 되지만, 섬나라 일본인들에게 그 시절은 제1세계 국가들까지 무릎 꿇게 했던 영광의 시기였음을 부인할 수는 없다. 그런 시절을 그리워하고 그 시절의 영광을 되찾고 싶은 욕망은 공공연하게 말해지지는 않지만 늘 일본인들의 의식 저변에 깔려있다고 해도 과언이 아니다.

그리워하면서 부인해야 하는 일본적 양가감정(ambivalence)은 마치 황야의 마녀에 매혹되지만 동시에 두려워하는 하울의 모습과 다를 것이 없다. 양심과 죄책감이 새의 모습으로 공중전을 하는 하울의 애매한 이미지 속에서 일본적 정체성의 혼란이 보인다. 프로이트는 양가감정에서 말미암은 죄책감은 죽음의 본능 타나토스(Thanatos)와 삶의 본능 에로스(Eros) 간의 영원한 투쟁에서 생겨난다고 했다. 영혼을 팔아 고통스러워 죽고 싶은 하울과 영혼을 구원받고 사랑하는 소피와 함께 살고자 하는 하울이 있다. 이 두 모습의 하울은 일본적 정체성 혼돈의 구현체로 보인다.

사슴신은 아시타카에게 "살아야해!"라고 속삭이고 하쿠는 할 일이 남아 있는 유바바의 성에 남는 것이다. 그리고 종국에 그들은 소피의 사랑으로 구원받는 해피엔딩의 주인공이 된다.

움직이는 성(moving castle)

이 작품의 제목인 여러 곳에 동시에 존재하는 하울의 '움직이는 성'에 대해 말해보자. 항상 움직이고 이동하는 하울의 성은 '비동시성의 동시성'을 극명하게 보여준다. 손잡이 색에 따라 문을 열고 나가면 각각 다른 세계가 펼쳐진다. 동시에 존재하지만 한 곳에 있을 수 없는 공간들이 '움직이는 성'의 문을 통하면 언제라도 어느 곳에서라도 펼쳐진다. 손잡이 색이 빨간색이면 왕이 있는 왕궁 앞의 화려한 거리가 나오고 파란색 표시는 바닷가 항구 도시로 열린다. 검정색 표시는 하울의 전쟁터이고 초록색 손잡이는 하울의 어린 시절이 담긴 정원으로 한없이 펼쳐진 꽃밭이다. 그런 공간들은 동시에 존재하지만 한 번에 경험될 수는 없다. 시공간의 경계가 애매하면서 역사성이 탈각된 여러 공간들은, 달리 생각하면 접히고 겹쳐있다. 여러 모습 각각이 모두 일본의 한 단면들을 함축하고 있다. 절대군주제의 나라면서 섬이고 전장이자 꽃밭이다.

움직이는 성은 그 자체로 하울 자신이다. 성을 움직이는 힘은 불꽃 마귀 캘시퍼에게서 나온다. 캘시퍼는 하울과 동전의 양면과 같은 존재이다. 하늘에서 떨어지며 죽어가던 별 캘시퍼를 하울이 삼켜 그에게 심장을 줌으로써 캘시퍼는 죽음을 피하게 된 것이다. 그들은 심장을 나눈 형제이고 분신이다. 하울이 죽으면 캘시퍼도 살 수 없고 캘시퍼가 죽게 되면 하울의 심장도 죽는 것이다.

하울이 설리먼의 추적을 피해 집을 이사하는 장면을 떠올려보면 그 이사의 순간이 전환의 순간이라는 생각이 든다. 이사를 한 새 집은 소피의 모자가게이다. 그러니까 겉모습은 하울의 움직이는 성이지만 내부는 소피의 집이다. 소피는 아버지가 돌아가신 집의 맏딸이었고 새엄마와 두 여동생과 살았다. 그리고 그곳은 여자들의 모자를 파는 가게였다. 필요한 것은 남성이다. 하울은 화려하고 생기 넘치는 젊은 남자이고 캘시퍼는 하울의 심장이다. 황야의 마녀도 마법사 설리먼도 소피까지도 그 심장을 원한다. 여자들의 결핍은 바로 남자의 심장인 것 같다. 남근의 결핍이라고 말해도 무방할 것이다.

이사의 순간은 결혼의 순간이고 어쩌면 그 둘이 합일하는 섹스의 순간이다. 부르르 떠는 하울이나 집을 생각해보면 소통의 절정인 오르가즘인 듯도 하다. 그 둘은 완전하게 결합하고 가족을 이룬다. 젊은 부부에게는 할머니도 있고 손자도 있고 심지어 개도 있다. 새로운 가족의 탄생이며 이상적인 가족의 완성이다. 그들이 가족의 어머니 소피의 집으로 이사하는 것이다. 작품의 마지막 장면에서 이 완성된 가족은 승천한다. 하울의 움직이는 성은 하늘을 나는 완전한 가족적 유토피아를 구현하는 것이다.

그런데 나는 자꾸만 하울의 움직이는 성과 우주전함 야마토의 모습이 겹치고 하울의 냉정한 표정에서 애꾸눈의 미남

하록 선장의 얼굴이 오버랩된다. 어딘지 비슷하지 않은가. 마법사 설리먼의 왕궁에 있는 여러 명의 시동들을 기억해보라. 그들 모두 소년 하쿠의 모습이다. 표정 없고 차가우며 이유 없이 우울해 보이는 가면 같은 얼굴이 하쿠의 얼굴이다. 그들은 복제 인간처럼 똑같은 얼굴에 똑같은 키에 똑같은 옷을 입고 있다. 그들은 구분되지 않는다.

왜 일본적인 것을 넘어 여성성을 극복하고 등장하기 시작한 미야자키 하야오의 남자 주인공들이 다 같은 얼굴을 하고 있는 것일까. 개인의 다양성은 다 어디로 갔을까. 에미시의 수장이던 아시타카는 이와는 다른 종류의 얼굴을 하고 있다. 그 얼굴의 연원은 오히려 코난이나 파즈에서 찾아야 할 것 같다. 더욱 더 서양적인 얼굴의 남자 주인공이 등장하는 원인은 단지 웨일즈 지방의 판타지 소설을 원작으로 하기 때문은 아닌 듯하다. 메이지 유신 이후, 한결같은 일본의 욕망은 '서양이 되는 것'이었다. 일본적인 것으로 넘쳐나던 「센과 치히로의 행방불명」을 배경으로 자라나 청년이 된 하울은, 이제 완벽한 서양적인 얼굴을 하고 있다. 이 또한 일본적 정체성의 혼란과 무의식이 이미지화하고 있는 것이 아닐까.

결국 미야자키 하야오의 작품은 자신의 정체성의 문제, 즉 동일화의 문제를 다루는 듯하다. 그것을 다룸에 있어 많은 균열과 흔들림과 혼돈을 보이는 것이 사실이다. 자신의 적이 누군지 누구와 싸우는지 그는 알지 못한다.

동일화, 정체성이라는 것은 언제나 흔들리고 변화하는 것이다. 문화 담론 안에서 만들어진 동일화 혹은 봉합의 불안정한 문제들은 상존하는 것들이다. 이러한 동일화와 봉합은 늘 시간과 공간을 겹치고 넘나들면서 이루어진다. 이를 역사 인식의 문제로 파악하면 과거와 현재와 미래를 대하는 태도와 입장이 드러나게 되어 있다.

과거는 더 이상 우리에게 단순하고 사실적인 과거가 아니다. 과거는 항상 기억과 환상과 이야기와 신화를 통해 구성된다. 나는 미야자키 하야오의 작품들이 과거를 재구성하는 것, 환상과 이야기를 통해 과거를 현재에 소환하는 역할을 충분히 수행한다고 본다. 지금 그러한 일본적 문화정체성은 어떤 방향으로 흘러가고 있는가. 더구나 그러한 흐름은 대중 매체를 통해 감지되고 강력한 문화 상품의 모습으로 유통된다.

미디어 바이러스

대중 매체의 위력은 집단 사회에 심은 신화적 이미지와 행동을 좌우하고, 진정한 재무장은 정치적 신화의 대두와 더불어 시작된다는 점은 일찍이 나치즘이 증명하였다. 신화는 언제나 추구하는 일이 위험하고 그 결과가 불확실할 때 생겨나고 '신화는 인격화된 집단적 욕망'이라는 말에 동의한다면, 위에서 분석한 세 작품은 일제강점기의 식민지적 기억이 뿌리 깊게 각인되어 있는 우리에겐 일견 섬뜩하게 다가온다. 이것이 무엇인가. 진정으로 섬뜩해해야 하는 것이 무엇인가. 무엇보다 그것들은 아름답게 다가온다.

그들은 자신들의 역사와 제국주의적 과거를 낭만적, 성찰적으로 소환하여 애니메이션이라는 미디어 장치로 걸러낸다. 걸러진 아름다운 애니메이션들은 미처 그 이데올로기적 측면을 분석할 시간도 없이 빠르게 유포되어 대중과 만난다. 그리고 강력한 정치적 신화로 탈바꿈하여 내부적으로는 일본인들의 마음 속 풍경으로 자리 잡는다. 한 무리가 떼를 지어 관객을 압도하는 여러 장면들은 대동아 공영을 내세운 군국주의 일본의 영광을 기억하며 시각적으로 수려하게 재현되고, 신체 절단의 이미지들은 흡사 '잃어버린 10년'이라는 가까운 과거와 단절하려는 의지를 무의식적으로 표출하는 듯 보인다.

그러나 그 단절은 고통스럽게 과거를 잘라내고 새로운 시대로의 진입을 상징한다기보다는, 천황의 부활, 거품경제로 힘을 잃은 경제 대국 일본으로의 회귀와 군대를 소유했던 과거 일본 제국에 대한 자부심과 그 때의 힘을 소망하는 비밀스런 욕망을 말하려는 것이 아닌가하는 혐의를 지울 수 없게 한다. 생명의 연두 빛으로 스크린을 압도하고 세상을 뒤덮던 사슴신의 전지전능함을 기억해보라. 이미지적 일사 분란함은 자기 정체성의 균열을 드러내기도 하지만 그 아래 흐르는 파시즘의 징후로 읽히기도 한다.

팩스턴의 정의에 의하면 파시즘이란, '공동체의 쇠퇴와 굴욕, 희생에 대한 강박적인 두려움과 이를 상쇄하는 일체감, 에너지, 순수성의 숭배를 두드러진 특징으로 하는 정치적 행동의 한 형태이자, 그 안에서 대중의 지지를 등에 업은 결연한 민족주의 과격파 정당이 전통적 엘리트층과 불편하지만 효과적인 협력 관계를 맺고 민주주의적 자유를 포기하며 윤리적, 법적인 제약 없이 폭력을 행사하여 내부 정화와 외부적 팽창이라는 목표를 추구하는 정치적 행동의 한 형태'이다.

지금 일본이 파시즘을 행하거나 그 광풍에 휩싸여 있다고 말하는 것이 아니다. 아주 잘 만들어진 일본 장편 애니메이션에서 그러한 징후들을 발견할 수 있다는 것이 요점이다. 대중적으로 대량 소비되는 문화의 흐름에서 그러한 징후들이 발견된다는 점은 분명히 경계해야하는 것이라고 말하고 싶은 것이다. 그리고 그러한 징후는 인류 보편정서에 호소하는 신화적인 구조를 택하고 있어 무척이나 힘이 세다.

집단에 거는 주술이라 할 수 있는 애니메이션 영화가 신화와 만나는 지점에서 파시즘의 징후가 조금이라도 느껴진다면 이는 그저 한 귀로 듣고 한 귀로 흘려버릴 성질의 것은 아니다. 현대적 영상 테크놀로지의 옷을 갈아입고 매스미디어를 통해 오는 신화의 세계, 그것도 스스로를 풍경으로 객관화한 신화의 세계란 마법과 같은 힘, 다시 말해 주술성이라는 측면에서 힘을 가지는 것이다. 이것이 바로 대중 매체라는 치명적이고 강력한 유포 방식에 얹혀 열광적인 인기를 업고 등장하는 신화의 파괴적인 힘이며, 이데올로기적 구현이다.

건강한 세포의 단백질 껍질에 들러붙어 자신의 유전자를 주입하여 세포의 성질을 바꾸는 '미디어 바이러스'에 오염되는 것. 그러한 바이러스의 창궐은 죽음을 불러온다. 굳이 문화 민족주의를 들먹이지 않더라도 「원령공주」와 같은 극장판 장편 애니메이션들과 일본적 강박이 드러나는 TV 상업 애니메이션 시리즈들을 그저 '유치한 아이들의 오락'이라고 치부하는 일은 상당한 위험을 내포하는 처사임에 틀림없다. 여기에 연구의 필요와 당위가 존재한다. 특히 아이들을 주된 소구 대상으로 하는 이 애니메이션들이 영화관과 텔레비전에서 반복적으로 보여지고, 게임과 출판만화, 텔레비전과 같은 매체 간 릴레이를 통해 즐겁게 유포, 작동하며 서로 상승작용을 불러일으킨다는 사실을 상기하면, 이 무의식의 스며듦, 이데올로기적 효과는 결코 가볍게 다루어지거나 간과되어서는 안 될 충분한 이유가 있다는 것을 강조하고 싶다. 의식하고 느끼지 못하는 동안 가랑비에 옷이 젖는 법이지 않은가.

미야자키 하야오의 세 작품은 내게 행복함과 즐거움을 주는 것으로 인연을 맺었지만 글을 쓰는 과정을 통해 그 행복함과 즐거움의 이면을 알게 되었다. 모든 세상의 이치는 한 가지 방향으로만 진행되는 것이 아닐 것이다.

스튜어트 홀은 '문화정체성'은 하나의 본질이 아니라 '입장취하기'라고 했다. 과거와 소통하는 현재는 불변하는 것이 아니라 유동적이고 변화하는 것이다. 결국 나의 문화정체성은 그의 작품들에 대해 작은 한 권의 책으로 '입장취하기'를 한 셈이다.

미야자키 하야오 연보

1941년 일본 동경 출생. 미야자키 하야오는 아버지가 제2차 세계 대전 내내 전투기의 방향타를 제작하는 비행기 공장을 경영 하였기 때문에 유복한 어린 시절을 보냄. '그의 유복함'이란 해석하기에 따라 전쟁과 일본 군국주의의 소산이었다고도 말할 수 있다. 그러나 제2차 세계대전의 패전과 함께 공장이 문을 닫게 되고 가세가 기울면서 어머니가 난치병에 걸린다. 비행에 대한 동경과 어머니의 보살핌 없는 어린 시절의 기억 은 그의 작품 세계 전체를 관통하면서 특히 「이웃의 토토로」 에 고스란히 표현되고 있다.

1963년 대학에서 경제학을 전공한 미야자키는 스물세 살에 도에이 동화에 입사. 「소공녀」 「삼총사」 「알프스의 소녀 하이디」 「플 란다스의 개」 「엄마 찾아 삼만리」 등 세계 명작 동화들을 애 니메이션화 하는 작업에 참여. 하늘을 나는 어린 시절의 꿈 과 환상은 이후 그의 작품의 주요 모티프로 작용하게 된다. 특히 공동체를 중심으로 하는 「바람 계곡의 나우시카」 「천 공의 성 라퓨타」 「원령 공주」 등의 작품에는 대학 시절 한때 몰두했던 마르크시즘의 영향이 강하게 드러나게 된다. 「미 래소년 코난」의 인더스트리아를 떠올리면 그의 사상의 궤적 을 어렵지 않게 짐작할 수 있다.

1978년 「미래소년 코난」(총26화)으로 연출 데뷔. 초자력 병기로 지 구가 파괴된 후, 폐허 속에 살아남은 인류의 운명을 그린 알 렉산더 케이의 SF소설 「남겨진 사람들」이 원작. '하늘을 나 는' 모티프는 중력을 벗어나려는 꿈의 구현이자 무한한 해방 감을 시각화하는 것이다. 누구나 어린 시절 한번쯤은 높은 곳에서 끝없이 추락하거나 몸이 붕 떠오르거나 하늘을 자유 롭게 나는 꿈을 꾼다. 미야자키 감독은 이런 유년의 기억을 끊임없이 건드리고 그 천진했던 기억들을 의식의 세계로 끌 어낸다. 기억 저 아래 묻혀있던 행복하고 즐거웠던 어슴푸레 한 기억 한 자락이 끌어올려지는 경험은 아이들뿐 아니라 수 많은 어른 관객층을 확보하는 힘인 것이다. 「천공의 성 라퓨타」에서 손을 마주잡고 마치 스카이다이빙을 하듯 하늘을 나는 시타와 파즈는 어린 시절의 이루지 못한 날고 싶던 욕망을 만족시켜주는 셈이다.

1979년 첫 번째 극장용 애니메이션인 「루팡 3세, 카리오스트로 성」을 만듦.

1984년 「바람계곡의 나우시카」의 상업적인 대성공과 함께 평단의 호평. 여성 주인공의 성격이 능동적으로 변화한다는 점에서 미야자키의 작품 세계에서 중요한 의미를 갖는다. 환경 파괴에 대한 경고의 메시지와 함께 권력에 대한 인간의 욕망을 여성 전사 나우시카를 통해 비판한다. 이런 인물은 「원령 공주」의 산으로 계승된다. 나우시카와 산은 둘 다 여성 전사로(물론 산이 더 공격적이고 분노에 차 있으며 인간에 대해 적대감을 갖고 있다.) 자연을 대리하여 인간의 환경 파괴에 맞서는 인물이다. 나우시카는 바람계곡 족장의 딸이고, 산은 들개신의 딸이다. 두 인물은 모두 초자연적인 힘을 지닌 여성 영웅으로, 나우시카는 '오무'라는 거대한 곤충의 말을 들을 수 있는 열린 마음을 소유하고 있고 산은 인간이지만 들개로 키워진 인물이다. 보통의 인간과는 다른 타고난 능력과 신분으로 이들은 인간과 자연을 조화롭게 만들거나 인류를 구원하는 역할을 수행한다.

1985년 '스튜디오 지브리' 설립. 「바람계곡의 나우시카」의 성공으로 미야자키 하야오와 다카하타 이사오는 자신들의 꿈의 공장, 스튜디오 지브리를 설립.

1986년 「천공의 성 라퓨타」를 발표. 스튜디오 지브리의 첫 작품이며 기계 문명을 정면으로 비판하는 미야자키의 이원적인 세계관을 엿볼 수 있는 작품으로 떠다니는 전설의 성 라퓨타가 등장(걸리버 여행기의 그 라퓨타이다). 라퓨타는 상층부와 하층부로 이루어져 있는데 상층부는 커다란 로봇의 보호를 받으며 아름다운 숲에 짐승들이 뛰노는 낙원으로 그려지고 하층부는 엄청난 힘이 잠재된 기계문명의 세계로 묘사된다. 라퓨타의 엄청난 힘으로 세상을 지배하려는 무스카 일행의 계획은 선택된 종족의 후예인 시타에 의해 저지되고, 하층부가 파괴된 라퓨타는 미지의 우주로 떠나간다. 이때까지만 해도 미야자키의 작품에 배경이 되는 곳, 그러니까 그의 작품

속 마음의 고향은 유럽이라는 비난이 드셌다. 유럽 중세의 한 마을을 옮긴 것 같은 「바람 계곡의 나우시카」의 바람 계곡이나 「천공의 성 라퓨타」의 무대인 광산촌은 실제로 영국의 웨일즈 지방 광산촌을 모델로 했다. 이는 곧 그의 국가적 정체성에 대한 대중적 비난을 몰고 왔다.

1988년 「이웃의 토토로」 일본 농촌 마을을 정겹게 그려냄으로써 국적불명이라는 세간의 비난을 일거에 불식시켰다. 커다란 녹나무의 정령인 토토로는 시골로 이사 온 자매의 수호천사이다. 토토로는 아픈 엄마의 사랑을 충분히 받지 못하는 아이들에게 그 빈자리를 채워주고 어려움을 같이 해결해주는 심리적 은신처이며 안식처이다. 토토로는 아이들의 꿈의 세계를 인도하고 심지어 아이들을 가슴에 붙이고(?) 하늘로 날아오르기도 한다. 길이 아닌 곳도 어디든지 갈 수 있는 발이 16개인 고양이 버스나 우산을 쓰고 힘을 주어 도토리 싹을 틔워내는 장면 등 잃어버렸던 동심과 어린 시절의 판타지가 그대로 영상화되자 엄청난 흥행 기록이 수립된다. 미야자키 특유의 섬세한 디테일이 돋보이는 정교한 배경과 장면마다 녹아있는 인간에 대한 애정, 탁월한 아이들의 심리 묘사가 감탄을 자아내기에 충분했다. 토토로는 이후 스튜디오 지브리의 심볼이 된다.

1989년 「마녀배달부 키키」 북유럽의 도시를 배경으로 빗자루를 타고 날아다니는 꼬마 마녀가 주인공으로 등장.

1992년 「붉은 돼지」 미야자키 감독의 자전적인 작품으로 비행기에 대한 애정이 유감없이 발휘된 작품. 그의 비행기들은 세련된 첨단의 것들이 아니라 오히려 복고적이고 향수를 느끼게 한다. 이전 작품들의 소규모 공동체적인 사회에서 보듯 사회주의를 신봉하던 미야자키는 중년의 나이에 무정부주의로 돌아서서 자신의 모습을 돼지로 변한 주인공에게 투사하고 있다. 하지만 그것도 잠시, 다음 작품에서부터 '일본적인 것'을 화면에 담으며 작품 세계는 다시 급선회하기 시작한다. 생각해보면 그가 향수를 느끼는 유복했던 어린 시절은 제2차 세계대전의 시기였고 당시 일본은 군국주의적 팽창주의로 맹렬히 타오르던 시절이었다. 더구나 그의 집안은 비행기를 만드는 사업을 하며 전쟁과 무기로 풍요로운 시절을 구가했던 가문이었다. 내어놓고 말할 수 없다 해도 미야자키뿐 아니라 대부분의 일본인에게 그 시절은 영광의 시기였으며, 그런 군국주의적 팽창은 섬나라 일본에게는 지울 수 없는 향수의 대상이라는 점을 부인하기는 어려울 것이다.

1997년 「원령공주」 일본 영화사상 역대 최고의 흥행(1백8억엔)을 기록하며 성공. 이 작품은 일본에 철기 문화가 도래하는 무로마치 시대를 배경으로 자연과 문명의 대결을 드라마틱하게 끌고 간다. 사지가 절단되는 잔인하지만 리얼한 장면을 도입하고 얼굴에 피를 바른 공격적인 여주인공을 내세웠다. '천황을 위해 지는 사쿠라'로 보이는 수많은 숲의 정령 고다마과 들개신, 멧돼지신, 사슴신 등 일본 고대의 거신들이 그 한편의 애니메이션에 고스란히 살아난다. 그리고 그 스펙타클한 매혹은 모든 것에 신이 존재한다는 일본적 애니미즘과 북방계 샤머니즘의 세계로 관객들을 이끌어간다. 역사의식이 결여되었다는 여태까지의 비난을 흔적도 없이 날려버리고 장대한 스케일의 시대극이자 인간 문명과 자연의 조화라는 비전을 제시하는 미야자키 세계의 결정판으로 보인다. 그러나 정치적 중립이라는 것은 없지 않은가. 디즈니의 애니메이션들이 할리우드 이데올로기를 대변하고 미국적 사고를 공고화하듯 미야자키 하야오의 작품 세계도 정치적으로 올바르고 순결한 것은 결코 아니지 않을까.

2001년 「센과 치히로의 행방불명」

2002년 베를린 국제영화제 그랑프리인 금곰상 수상. 이 수상은 「센과 치히로의 행방불명」의 내러티브가 일부 마니아들의 전유물이 아니라 동서양을 구분하지 않고 인류 보편 정서에 맞닿아 있다는 의미로 받아들여진다.

2004년 「하울의 움직이는 성」 전쟁의 기억을 더듬으며 무엇인지 정치적인 언급을 하고 있는 듯이 보인다. 영국 웨일즈의 동명의 판타지 소설(다이애나 윈 존스)이 원작. 전쟁과 파시즘에 반대한다는 직접적인 언급은 찾아보기 어렵고 우화와 동화 속에 녹아들어 있긴 하지만, 원작에는 없는 전쟁에 대한 이미지들이 전 작품에 고르게 표현되고 있는 것은 분명히 어떤 함의를 가진 것으로 봐야 할 것이다.

주

1) 일본 홋카이도(북해도), 쿠릴 열도, 사할린 섬 거주 민족. 인종학 상 유럽인종의 한 분파에 몽골로이드의 피가 섞임. 언어는 포함어. 피부는 누렇고 검은 편임. 얼굴이 둥글고 이목구비가 뚜렷하며 하관이 튀어나오고 코의 폭이 없는 남방 몽골로이드의 특징을 보인다. 눈은 쌍꺼풀에 우묵하고 광대뼈가 나오고 귀는 비교적 크다. 머리카락은 검고 파상이나 구상. 남녀 모두 털이 많아 최다모 인종에 속한다. 남녀 모두 귀고리를 달고 있으며 문신을 하고 의복은 난티 나무 껍질의 섬유로 딴 옷감을 사용한다. 제2차세계대전 직전 추정인구는 혼혈 포함 약 1만 5천에서 1만 9천 명 정도로 현재 거의 혼혈이고 순종은 8백 명 정도에 불과하다. 1868년 이후 일본의 동화정책으로 문화가 거의 소멸되었으나 최근 일본 원주민으로 인정받고 있다. 1997년 아이누 신법 제정으로 언어복권 운동이 시작되었다.

2) 녹석은 1-4미터에 달하는 것까지 크기가 다양한데 돌궐계 유적으로 보인다. 단검 등의 무기나 태양을 향해 뛰어오르는 사슴들이 음각으로 표현되어 있다.

3) 박규태, 『아마테라스에서 모노노케 히메까지-종교로 읽는 일본인의 마음』, 책세상, 2001, 165-177쪽 참조.

4) 1970년대 말 일본의 식물학자 나카오 사스케의 이론. 그에 의하면 태고의 지구는 히말라야 산맥으로부터 일본 열도에 이르기까지 강록이 조엽수림 벨트로 이루어져 있었고, 이들 지역이 동일한 문화권의 영역으로 국경도 민족도 없는 원시 식물의 성질이 인간 문화를 결정한다는 것이다. 조엽수림 문화설은 사람과 자연이 공존하는 이상향을 그리며 숲과 나무가 신적인 존재로 인간 세계를 변화시켜왔다고 보는 이론. 조엽수림은 녹나무, 메밀 잣나무, 상수리나무 등 광택있는 잎을 가진 상록활엽수를 가리키는데 일본의 서쪽 지역에 조엽수림이 널리 퍼져 있었다고 하다. 미야자키 하야오 감독 작품에 유난히 도토리(상수리나무의 열매)가 많이 등장하고 숲의 이파리들이 반짝이는 이유는 감독이 조엽수림 문화설

을 신봉하는 것과 무관하지 않다. 「이웃의 토토로」의 토토로는 녹나무의 정령이고 「원령공주」의 숲을 이루는 나무들은 침엽수림이나 활엽수림이라기보다는 조엽수림이다.

5) 1998년 미야자키 감독은 인터뷰에서 "일본 이외는 이제부터 무대로 삼지 않겠다"는 의지를 내비친다. 록킹구 온 간행, 「쿠로사와 아키라, 미야자키 하야오, 키타노 다케시 : 일본의 3인의 연출가」 수록 인터뷰에서, 키리도시 리사쿠, 『미야자키 하야오론』, 남도현 옮김, 써드 아이, 2002, 17쪽에서 재인용.

6) 1990년대 일본을 '잃어버린 10년(Lost Decade)'으로 규정하면서 일본을 총체적으로 분석하고 있는 책 『일본은 회생하는가』에서 한경구는 "일본 경제의 실적이 예찬되던 1980년대 그리고 버블붕괴와 함께 시작된 '잃어버린 10년'의 경험 등이 현대 일본인들의 사회화에 매우 중요한 요인으로 작용하리라"는 점을 지적하면서 "기존 사회운영 방식과 자기 문화의 우수성에 대한 신뢰 및 자신감 그리고 이러한 자신감에 기반을 두었던 개방적 태도 등이 잃어버린 10년을 거치며 급속히 약화되었다는 사실이 상당수 일본인의 사회화 과정에서 매우 중요한 역할을 할 것이라 추측할 수 있다"고 주장한다. "더구나 이러한 신뢰와 자신감의 상실은 폐쇄적인 민족주의의 등장 등 뜻하지 않은 정치적 결과를 불러올 수도 있으며, 특히 구조조정과 정치개혁에서 뚜렷한 성과를 내지 못하고 상황이 악화될 경우 불안감을 느낀 대중이 강력한 정치적 리더십을 희구하게 될 수도 있다."고 설명하고 있다. 장달중 외, 『일본은 회생하는가』, 삼성경제연구소, 2003, 270쪽.

7) 메이지[明治]시기는 1868~1912년으로 메이지 20년대라 함은 1880년대 후반기에서 1890년대 전반기를 말한다. 메이지 유신은 일본이 서구적 근대화를 통해 근대 국가를 확립하기 시작하는 시기로 국내적으로는 자유민권운동을 통해 의회를 설립하고 헌법제정을 도모하였으며 학제와 징병제를 개편하는 등의 일들이 이루어졌다. 또한 국외적으로는 서구 열강의 식민지 정책을 모방하여 그들과 어깨를 나란히 하면서 제국으로서의 면모를 갖추기 시작하던 시기였다고 할 수 있다. 문학에 있어서도 소세키나 돗포 등의 작가에 의해 근대 문학이 형성되어가던 인식 변화의 시기이다.

8) 고모리 요이치, 『포스트 콜로니얼』, 송태욱 옮김, 삼인, 2002. 이 책에서 고모리 요이치는 일본은 '야만의 발견'으로 동화와 배제의 방식으로 자신을 문명으로 위치지우면서 제국의 모습을 갖춰가는 과정을 살피고 있다. 1869년 아이누의 땅 홋카이도를 '주인없는 땅'으로 명명하면서 최초의 식민지화하였고 이어서 '정한론'을 내세워 조선을 식민지로 만들었으며 제국 흉내내기의 정점인 '타이완 출병'으로 타이완을 점령한다. 고모리 요이치는 일본의 문명개화란, 서구 열강의 논리와 가치관에 입각해 자기를 철저히 개변하려는 자기식 민지화라고 분석하고 있다.

9) 1960년대 말 「철완 아톰」으로부터 시작되었던 '로봇 메커닉물'의 역사는 최근의 「에반게리온」까지 이어진다. 자신의 존재에 대해 고민하지 않던 주인공들은 증식과 분열을 거듭하며(합체와 분리의 메커니즘을 떠올려보라) 반복적으로 대의명분(지구를 지키는)을 위해 싸우지만 에반게리온의 주인공 신지에 오면 자신이 왜 싸워야하는지 분열적으로 고민하고 존재론적 회의에 빠진다. 그러한 로봇 메커닉물의 고민은 풍경과 자의식, 내면의 발견으로 해소되고 대답을 찾는 듯하다.

10) 오오누키 에미코는 미의식과 군국주의의 관계를 규명한 『사쿠라가 지다, 젊음도 지다』에서 사쿠라 꽃에 대한 일본인들의 수천 년의 미의식을 면밀히 추적한 후 천황을 위해 지는 인간 사쿠라인 가미카제 특공대에 관한 방대한 저술을 하였다. 그는 부르디외, 푸코, 바르트 등이 사용한 '자연화'의 개념을 확장해, 1.메이지 유신기의 천황이라는 절대군주제 전통을 만들고, 2.그것에 미적 가치를 부여하며, 3.사쿠라 꽃 등을 이용한 상징적 오인과정을 통해 당대 최고의 지적 엘리트였던 특공대원들이 자신들의 애국주의와 군국주의를 혼동하게 된 연원을 밝혀내고 있다. 지는 사쿠라 꽃의 이미지는 죽음으로 산화하는 젊은 애국 청년들의 모습과 겹쳐지고 그것이 자연스럽게 애국의 이미지로 고착된 것이다. 오오누키 에미코, 『사쿠라가 지다 젊음도 지다』, 이향철 옮김, 모멘토, 2004.

11) 아마테라스오미가미가 베를 짜는 신성한 방에서 신에게 바칠 옷감을 짜게 하고 있는데, (스사노오가) 그 지붕에 구멍을

뚫고 말가죽을 벗겨 그 구멍으로 떨어뜨렸다. 베를 짜는 여인들이 그것을 보고 기겁을 하여 베틀의 북으로 그만 음부를 찔려 죽고 말았다. 그것을 보고 경악한 아마테라스오미가미는 아미노이와야에 숨었다 그러자 다카마노하라는 어두워지고, 아시하라노나카츠쿠니(지상세계)도 어둠에 빠졌다. 이리하여 밤이 계속되었다. 요시다 아츠히코·후루카와 노리코, 『일본의 신화』, 양억관 옮김, 황금부엉이, 2005, 18쪽

12) 일본에는 '잇큐산'이라는 만화가 있는데 많은 재기 넘치는 우화 중에서 쇼군의 명령으로 그림 속의 호랑이를 물리치는 이야기가 유명하다고 한다. 그 쇼군이 바로 아시카가 요시미쓰였다고 한다. 그림 속의 호랑이를 물리치는 이야기와 수백 년이 흐른 뒤 그림 속에서 짐승신들을 물리치는 이야기가 같은 시기를 배경으로 벌어지고 있다는 것은 우연이 아닌 듯하다.

13) 고진은 레닌의 말을 인용하여 공장과 학교가 본질적으로 같은 것이라는 점을 지적한다. 레닌은 「일보 전진, 이보 후퇴」 중에서 프롤레타리아트들이 규율과 조직을 습득하는 방식을 설명하고 있다. "공장이야말로 프롤레타리아트를 결합하고 훈련하고 그들에게 조직을 가르치고 그들을 그 밖의 모든 근로 피착취인 계층의 선두에 세우는, 자본주의 협동업의 최고 형태이다. 자본주의에 의해 훈련된 프롤레타리아트의 이데올로기인 마르크스주의야말로 불안정한 인텔리겐차에게 공장이 가지는 착취자적 측면과 조직자로서의 측면의 차이점을 가르쳐왔고, 지금도 가르치고 있다. 부르주아 인텔리겐차가 좀처럼 획득할 수 없었던 규율과 조직을 프롤레타리아트는 글자 그대로 이 공장이라는 '학교' 덕분에 극히 용이하게 자신의 것으로 만들어버린다."

미야자키 하야오

| 펴낸날 | 초판 1쇄 2005년 7월 15일 |
| | 초판 6쇄 2014년 10월 30일 |

지은이	김윤아
펴낸이	심만수
펴낸곳	(주)살림출판사
출판등록	1989년 11월 1일 제9-210호

주소	경기도 파주시 광인사길 30
전화	031-955-1350 팩스 031-624-1356
기획·편집	031-955-4671
홈페이지	http://www.sallimbooks.com
이메일	book@sallimbooks.com

| ISBN | 978-89-522-0407-3 04080 |

054 재즈

eBook

최규용(재즈평론가)

즉흥연주의 대명사, 재즈의 종류와 그 변천사를 한눈에 알 수 있도록 소개한 책. 재즈만이 가지고 있는 매력과 음악을 소개한다. 특히 초기부터 현재까지 재즈의 사조에 따라 변화한 즉흥연주를 중심으로 풍부한 비유를 동원하여 서술했기 때문에 재즈의 역사와 다양한 사조의 특징을 쉽게 이해할 수 있다.

255 비틀스

eBook

고영탁(대중음악평론가)

음악 하나로 세상을 정복한 불세출의 록 밴드. 20세기에 가장 큰 충격과 영향을 준 스타 중의 스타! 비틀스는 사람들에게 꿈을 주었고, 많은 젊은이들의 인생을 바꾸었다. 그래서인지 해체한 지 40년이 넘은 지금도 그들은 지구촌 음악팬들의 많은 사랑을 받고 있다. 비틀스의 성장과 발전 모습은 어떠했나? 또 그러한 변동과정은 비틀스 자신들에게 어떤 의미였나?

422 롤링 스톤즈

eBook

김기범(영상 및 정보 기술원)

전설의 록 밴드 '롤링 스톤즈'. 그들의 몸짓 하나하나는 우리가 생각하는 것보다 훨씬 더 탁월한 수준의 음악적 깊이, 전통과 핵심에 충실하려고 애쓴 몸부림의 흔적들이 존재한다. 저자는 '롤링 스톤즈'가 50년 동안 추구해 온 '진짜'의 실체에 다가가기 위해 애쓴다. 결성 50주년을 맞은 지금도 구르기(rolling)를 계속하게 하는 힘. 이 책은 그 '힘'에 관한 이야기다.

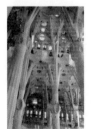

127 안토니 가우디 아름다움을 건축한 수도사

eBook

손세관(중앙대 건축공학과 교수)

스페인의 세계적인 건축가 가우디의 삶과 건축세계를 소개하는 책. 어느 양식에도 속할 수 없는 독특한 건축세계를 구축하고 자연과 너무나 닮아 있는 건축가 가우디. 이 책은 우리에게 건축물의 설계가 아닌, 아름다움 자체를 건축한 한 명의 수도자를 만나게 해준다.

131 안도 다다오 건축의 누드작가

eBook

임재진(홍익대 건축공학과 교수)

일본이 낳은 불세출의 건축가 안도 다다오! 프로복서와 고졸학력, 독학으로 최고의 건축가 반열에 오른 그의 삶과 건축, 건축철학에 대해 다뤘다. 미를 창조하는 시인, 인간을 감동시키는 휴머니즘, 동양사상과 서양사상의 가치를 조화롭게 빚어낼 줄 아는 건축가 등 그를 따라다니는 수식어의 연원을 밝혀 본다.

207 한옥

eBook

박명덕(동양공전 건축학과 교수)

한옥의 효율성과 과학성을 면밀히 연구하고 있는 책. 한옥은 주위의 경관요소를 거르지 않는 곳에 짓되 그곳에서 나오는 재료를 사용하여 그곳의 지세에 맞도록 지었다. 저자는 한옥에서 대들보나 서까래를 쓸 때에도 인공을 가하지 않는 재료를 사용하여 언뜻 보기에는 완결미가 부족한 듯하지만 실제는 그 이상의 치밀함이 들어 있다고 말한다.

114 그리스 미술 이야기

eBook

노성두(이화여대 책임연구원)

서양 미술의 기원을 추적하다 보면 반드시 도달하게 되는 출발점인 그리스의 미술. 이 책은 바로 우리 시대의 탁월한 이야기꾼인 미술사학자 노성두가 그리스 미술에 얽힌 다양한 이야기를 재미있게 풀어놓은 이야기보따리이다. 미술의 사회적 배경과 이론적 뿌리를 더듬어 감상과 해석의 실마리에 접근하는 또 다른 시각을 제공하는 책.

382 이슬람 예술

eBook

전완경(부산외대 아랍어과 교수)

이슬람 예술은 중국을 제외하고 가장 긴 역사를 지닌 전 세계에 가장 널리 분포된 예술이 세계적인 예술이다. 이 책은 이슬람 예술을 장르별, 시대별로 다룬 입문서로 이슬람 문명의 기반이 된 페르시아·지중해·인도·중국 등의 문명과 이슬람교가 융합하여 미술, 건축, 음악이라는 분야에서 어떻게 표현되었는지 설명한다.

417 20세기의 위대한 지휘자 `eBook`

김문경(변리사)

뜨거운 삶과 음악을 동시에 끌어안았던 위대한 지휘자들 중 스무 명을 엄선해 그들의 음악관과 스타일, 성장과정을 재조명한 책. 전문 음악칼럼니스트인 저자의 추천음반이 함께 수록되어 있어 클래식 길잡이로서의 역할도 톡톡히 한다. 특히 각 지휘자들의 감각 있고 개성 있는 해석 스타일을 묘사한 부분은 이 책의 백미다.

164 영화음악 불멸의 사운드트랙 이야기 `eBook`

박신영(프리랜서 작가)

영화음악 감상에 필요한 기초 지식, 불멸의 영화음악, 자신만의 세계를 인정받는 영화음악인들에 대한 이야기를 담았다. 〈시네마천국〉 〈사운드 오브 뮤직〉 같은 고전은 물론, 〈아멜리에〉 〈봄날은 간다〉 〈카우보이 비밥〉 등 숨겨진 보석 같은 영화음악도 소개한다. 조성우, 엔니오 모리꼬네, 대니 앨프먼 등 거장들의 음악세계도 엿볼 수 있다.

440 발레 `eBook`

김도윤(프리랜서 통번역가)

〈로미오와 줄리엣〉과 〈잠자는 숲속의 미녀〉는 발레 무대에 흔히 오르는 작품 중 하나다. 그런데 왜 '발레'라는 장르만 생소하게 느껴지는 것일까? 저자는 그 배경에 '고급예술'이라는 오해, 난해한 공연 장르라는 선입견이 존재한다고 지적한다. 저자는 일단 발레라는 예술 장르가 주는 감동의 깊이를 경험하기 위해 문 밖을 나서길 원한다.

194 미야자키 하야오 `eBook`

김윤아(건국대 강사)

미야자키 하야오의 최근 대표작을 통해 일본의 신화와 그 이면을 소개한 책. 〈원령공주〉 〈센과 치히로의 행방불명〉 〈하울의 움직이는 성〉이 사랑받은 이유는 이 작품들이 가장 보편적이면서도 가장 일본적인 신화이기 때문이다. 신화의 세계를 미야자키 하야오의 작품과 다양한 측면으로 연결시키면서 그의 작품세계의 특성을 밝힌다.

예술

eBook 표시가 되어있는 도서는 전자책으로 구매가 가능합니다.

㈜살림출판사
www.sallimbooks.com
주소 경기도 파주시 문발동 522-1 | 전화 031-955-1350 | 팩스 031-955-1355